# 企业在线办公的
## 机制、模式与实践

黄丽媛 张洵 江文 周平 编著

清华大学出版社
北京

## 内 容 简 介

在线办公作为一种崭新的工作方式，正在深刻地改变着我们的工作与生活。然而，众多企业在实践中仍面临诸多困扰。本书全面剖析了企业在线办公的发展历程、运作机制及实践策略，旨在使读者能够快速掌握这一新兴的工作模式。

第1章回顾在线办公的演进历程，分析推动其发展的技术条件、经济因素和社会需求，使读者深入了解在线办公产生的背景。第2章重点探究在线办公的组织架构，并通过案例阐释"太阳式"组织架构的创新之处，从而帮助读者构建高效的在线团队。第3章深入研究在线办公中的人才梯队建设，通过"分层多级负责制"模式解析人力资源管理的策略。第4章详细论述在线办公的考勤、考核及任务管理等运行机制的设计。第5章提供实际操作指南，深入分析可能遇到的问题及其解决方法。第6章展望分布式自治组织（DAO）等新模式在在线协作中的应用前景。

本书适合正在努力实现在线协作转型的企业管理者阅读，也适合已经在使用在线办公模式的企业参考。通过系统学习，管理者能快速掌握运用这一新工作模式的策略和技巧，从而引领企业进行数字化转型。希望每一位读者都能有所收获，使在线协作模式更好地为企业和员工服务。

版权所有，侵权必究。举报：010-62782989，beiqinquan@tup.tsinghua.edu.cn。

**图书在版编目（CIP）数据**

企业在线办公的机制、模式与实践 / 黄丽媛等编著．
北京：清华大学出版社，2024.7. --ISBN 978-7-302-66680-6
Ⅰ.C931.4
中国国家版本馆 CIP 数据核字第 2024RK4158 号

| | |
|---|---|
| 责任编辑： | 郭　赛　常建丽 |
| 封面设计： | 傅瑞学 |
| 责任校对： | 刘惠林 |
| 责任印制： | 沈　露 |

出版发行：清华大学出版社
网　　址：https://www.tup.com.cn，https://www.wqxuetang.com
地　　址：北京清华大学学研大厦A座　　邮　编：100084
社 总 机：010-83470000　　邮　购：010-62786544
投稿与读者服务：010-62776969，c-service@tup.tsinghua.edu.cn
质量反馈：010-62772015，zhiliang@tup.tsinghua.edu.cn
课件下载：https://www.tup.com.cn，010-83470236
印 装 者：三河市君旺印务有限公司
经　　销：全国新华书店
开　　本：170mm×230mm　　印　张：13.5　　字　数：242千字
版　　次：2024年8月第1版　　印　次：2024年8月第1次印刷
定　　价：49.00元

产品编号：100693-01

# 前　言

我们正身处一个工作方式深刻变革的时代。信息技术的迅速发展和广泛普及使远程工作和在线办公成为现实，并逐渐得到企业和员工的认可与采用。本书对深入理解和实践企业在线办公模式具有实践参考意义。

当下，多方因素共同推动在线办公模式发展。首先，灵活就业的兴起催生了更为自由灵活的雇佣方式，远程工作迎合了这一需求。其次，互联网基础设施的不断完善，高速网络的覆盖范围扩大，以及强大的云服务技术支持，为在线办公提供了坚实的技术支撑。此外，人口红利的减退，使得企业在人力成本方面临更大压力，远程工作一定程度上能降低运营成本。最后，新一代从业人员对数字化工具的熟练应用使他们更容易接受在线协作的方式。与此同时，企业在线办公模式也面临着迫切的现实需求。例如，工作本身对更灵活的执行方式提出要求，用人市场需要更多样化的人才结构，求职者更倾向于具有弹性的工作时间和地点，这些因素都推动企业积极尝试采用在线办公模式。

然而，要成功地实践此种办公模式并非易事，会面临多种挑战。本书从组织架构、人才队伍、运行机制等多方面，对在线办公进行了系统阐述，旨在结合我们团队在线办公运行中遇到的问题，为即将或已经采用此种办公模式的企业提供制度化解决方案和参考。其中，本书提出的"太阳式"组织架构，明确划分了团队内外人员的定位，从而保证工作协同执行；而"分层多级负责制"人才梯队建设则合理地定义了不同层级岗位的职责，有助于规范企业管理；围绕"人"的运行机制，详细阐述了执行层人员的考勤和考核，从而保证工作效能；

此外，围绕"事"的运行机制，阐明了具体工作任务执行的流程和标准，有助于工作效率的提升。最后，书中还展望了 DAO 企业在未来发展中的应用前景，为更多办公模式的开展提供了新技术视角。

黄丽媛

2024 年 5 月

# 01 第 1 章
# 在线办公概述　001

1.1　在线办公的发展基础　002
　　1.1.1　灵活就业对在线办公的迫切需求　003
　　1.1.2　互联网基础设施的完善　005
　　1.1.3　网民基本素养持续提升　018
1.2　在线办公的现实需求　028
　　1.2.1　工作自身对在线办公的现实需求　029
　　1.2.2　用人市场对在线办公的现实需求　032
　　1.2.3　求职者对在线办公的现实需求　035
　　1.2.4　在线办公对求职者的职业要求　038
1.3　在线办公的工具与技术　043
　　1.3.1　在线办公的工具与技术概况　043
　　1.3.2　在线办公工具与技术应用实践　044

# 02 第 2 章
# 企业在线办公的基础：组织架构建设　053

2.1　一种成熟的混合型企业在线组织架构　054
　　2.1.1　组织架构第一层：太阳式组织架构　056
　　2.1.2　太阳式组织架构的"编外军"　058
2.2　太阳式组织架构的管理难点　060
　　2.2.1　太阳式组织架构的 8 类通用问题　060
　　2.2.2　慎用太阳式组织架构外核层团队　068

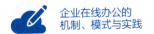

# 03 第3章
## 企业在线办公的核心：人才梯队建设　070

- 3.1 人才梯队建设实践：分层多级负责制　071
  - 3.1.1 什么是分层多级负责制　071
  - 3.1.2 分层多级负责制的副作用及解决方式　073
- 3.2 分层多级负责制下的管理层　075
  - 3.2.1 分层多级负责制下的管理层概述　075
  - 3.2.2 管理层的多级划分与岗位职能　076
  - 3.2.3 管理层的"串岗"问题与解决　096

# 04 第4章
## 企业在线办公的保障：运行机制建设　098

- 4.1 围绕在线办公"人"的运行机制建设　99
  - 4.1.1 企业在线办公执行层的运行管理　99
  - 4.1.2 企业在线办公执行层的规模与层级设置　100
  - 4.1.3 企业在线办公执行层的考勤机制　108
  - 4.1.4 企业在线办公执行层的考核机制　115
- 4.2 围绕在线办公"事"的运行机制建设　123
  - 4.2.1 在线办公任务运行模式　123
  - 4.2.2 在线办公任务运行机制　127
  - 4.2.3 在线办公任务实施难点与解决　140

## 05

### 第 5 章
### 企业在线办公的避坑指南　150

5.1　在线办公"人"不能忽视的问题　151
　　5.1.1　引起质疑的招募工作　152
　　5.1.2　如何降低新员工的成长成本　155
　　5.1.3　人才的培养与晋升难题　158
　　5.1.4　达成内、外核人员的有效协同　162
　　5.1.5　人员流动率居高不下的原因　163
　　5.1.6　人员失联问题与制度化解决　164

5.2　在线办公"事"怎么做　166
　　5.2.1　顺畅沟通是一个大难题　166
　　5.2.2　充满挑战的团队协作　169
　　5.2.3　急需提升的工作效能　171
　　5.2.4　突发情况的应对处理　174

5.3　在线团队运行中的其他典型问题　176
　　5.3.1　如何确保制度的下达与落实　176
　　5.3.2　如何统一团队的价值观　182
　　5.3.3　挑战：在线团队的企业文化建设　183

## 06

### 第 6 章
### 企业在线办公的未来与趋势　186

6.1　DAO 的概念定义　188
6.2　DAO 的结构与特征　190

6.2.1 DAO 的结构　190

6.2.2 DAO 的特征　191

6.2.3 DAO 的优缺点　192

6.3 DAO 的类型　194

6.4 DAO 的发展历程　197

6.5 DAO 的应用案例　200

6.5.1 DeFi 平台：创客道　201

6.5.2 DAO 运行系统：Aragon　202

6.5.3 创客道协议型 DAO：Curve　204

6.5.4 社交型 DAO：FWB　205

第 1 章

# 在线办公概述

# 01

在线办公，又称远程办公、电子办公或者虚拟办公，英文通常表述为 remote work、virtual work 或 telecommuting，是指员工通过互联网和相关技术手段，在非传统办公场所进行工作。这种工作方式不受地域限制，员工可以在家庭、咖啡馆、共享办公空间等地进行工作。在线办公涉及多种任务，如数据处理、文档编辑、项目管理、团队协作、视频会议等，需要通过各种在线工具完成。

## 1.1 在线办公的发展基础

随着移动互联网技术的不断发展和普及，信息技术对社会生产和人类生活产生了深刻影响。在线办公，作为一种新型的工作方式，越来越受到人们的关注。根据"研究与市场"围绕全球远程工作场所服务主题报告，该类服务市场规模从 2020 年的 1 亿美元增长到 2022 年的 58 亿美元，在预测期内的复合年均增长率（CAGR）为 5.2%。预计在预测期内，中小企业将以 25.1% 的最高复合年均增长率发展。按地区划分，亚太地区（APAC）在预测期内将以最高的复合年均增长率（26.3%）增长，一方面，由于该地区云技术的日益普及，以及对数字化转型的 IT 需求不断增长；另一方面，则源于其巨大的任务需求方潜力，即全球企业都希望在这里建立业务，因此预计远程工作场所服务在预测年度内将快速增长，主体包括中国、印度、日本、澳大利亚和新西兰以及其他地区。在此背景下，对于企业而言，将从采用在线办公中受益，包括但不限于能够提供更好的任务需求方服务、提高运营效率、提高自动化并节省运营费用等。

## 1.1.1 灵活就业对在线办公的迫切需求

随着社会的发展、经济结构的调整、互联网技术的革新，劳动方式不断改变，催生出灵活就业、共享用工、在线办公等一系列就业新形态，如图 1-1 所示。其中，灵活就业是指工作时间、地点和方式具有灵活性的就业形式，包括自由职业、兼职工作、临时工作和零工经济等。灵活就业使个人能更好地平衡工作和生活需求，并根据个人的意愿和能力选择适合自己的工作模式。共享用工则是一种通过共享经济平台将劳动力与雇主连接起来的就业形式。这种模式下，个人可以通过平台提供的服务与雇主合作，例如出租自己的技能、时间或资源。共享用工提供了更多的就业机会和灵活性，并促进了经济的互联互通。在线办公是指员工在家中或其他地方远程工作，通过互联网和通信技术与公司或任务需求方保持联系。在线办公为员工提供了更大的灵活性和工作自主权，同时减少了通勤时间和成本。当然，灵活就业还包括自由职业者，是指不依附于任何雇主，以自主经营的方式从事工作的个人。自由职业者可以根据自己的技能和兴趣选择项目和任务需求方，并具有更大的工作自由度和灵活性。这些新的就业形态反映了人们对工作方式的需求和期望的变化。它们为个人提供了更多的选择和机会，并推动了劳动力市场的变革。

图 1-1　就业新形态的具体类别

有专家研究认为，理解就业新形态的关键不只是新技术、新经济和新业态，而是随之而来的劳动关系的变化，以及与之相关的劳动方式的变革。比如，新型劳动关系一般不受办公场所的约束，劳动者可以自行选择工作地点，也不依赖企业对劳动者时间的把控，劳动者仅对工作成果负责，用人单位依据劳动者的工作成果为其支付报酬。除此之外，用人单位并不严格约束劳动者的行为，劳动者可以根据自己的需求与多家用人单位建立劳动关系。

在前述的就业新形态背景下，针对灵活就业、共享用工等新劳动形态，国家层面已经出台相关政策予以指引。2020年7月，国务院办公厅印发《关于支持多渠道灵活就业的意见》（以下简称《意见》）明确指出，支持发展就业新形态。实施包容审慎监管，促进数字经济、平台经济健康发展，加快推动网络零售、移动出行、线上教育培训、互联网医疗、在线娱乐等行业发展，为劳动者居家就业、远程办公、兼职就业创造条件。合理设定互联网平台经济及其他新业态新模式监管规则，鼓励互联网平台企业、中介服务机构等降低服务费、加盟管理费等，创造更多的灵活就业岗位，吸纳更多的劳动者就业。《意见》要求，研究制定平台就业劳动保障政策，明确互联网平台企业在劳动者权益保护方面的责任，引导互联网平台企业、关联企业与劳动者协商确定劳动报酬、休息休假、职业安全保障等事项。

2020年9月,《人力资源社会保障部办公厅关于做好共享用工指导和服务的通知》公开发布,支持企业间开展共享用工,各级人力资源和社会保障部门要把企业间共享用工岗位供求信息纳入公共就业服务范围,及时了解企业缺工和劳动者富余信息,免费为有用工余缺的企业发布供求信息,按需组织专场对接活动。在此之前,2020年2月,广东省东莞市已经发布《企业用工互助调剂操作指引》,提供企业间余缺用工调剂、行业间余缺用工调剂和非全日制余缺用工调剂3种调剂模式。同时,还统一拟定了《人员借用三方协议》模板,明晰了借出企业、借入企业和员工间的权利与义务,经三方共同签字盖章后生效,避免了可能产生的劳动争议。

## 1.1.2 互联网基础设施的完善

互联网作为20世纪伟大的发明之一,根据"2021年全球数字报告"(Digital 2021)统计,全球互联网用户数量继续保持增长势头,约为46.6亿户,渗透率达到59.5%,比2020年增长了1.2亿户。同期,全球有42亿社交媒体用户,其数量相当于世界总人口的53%以上,且一个典型的社交媒体用户每天在社交媒体上花费总时长达145分钟。而根据GSMA智库发布的《2022全球移动经济发展》研究报告,过去10年,通过运营商在网络基础设施的投资,覆盖鸿沟[1]从全球1/3缩小到6%,即全球目前仅有6%的人口生活在没有网络覆盖的地区。5G使用率在领先市场不断上升,截至2021年5月,68个国家和地区

---

[1] 本报告探讨了两个重要内容,分别是Coverage Gap(覆盖鸿沟)和Usage Gap(用户使用鸿沟)。覆盖鸿沟指生活在没有移动网络覆盖区域的人数,而用户使用鸿沟则指的是生活在移动宽带网络所覆盖的地区,但没有使用移动服务的人数。

的 162 家运营商已经推出一种或多种 5G 商用服务，而就在 2022 年，全球 5G 总连接数已达到 10 多亿，截至 2025 年，预计 5G 连接数占总移动连接数的 1/4。而 2021 年移动技术和服务创造了 4.5 万亿美元的经济附加值，为全球贡献了 5% 的 GDP，2025 年这个数字预计将达到 5 万亿美元。

我们国家网络基础设施进一步优化升级，互联网普及率提前超额完成规划目标。2022 年，我国网民用网环境持续改善，用网体验不断提升，信息无障碍服务日趋完善，推动互联网从接入普及向高质量发展迈进。一是"双千兆"建设持续推进，为民众提供更高质量的用网环境。截至 2022 年 12 月，我国光缆线路总长度达到 5958 万千米，比上年末净增 477 万千米，网络运力不断增强；建成具备千兆网络服务能力的 10G PON 端口数达 1523 万个，全国有 110 个城市达到千兆城市建设标准；移动网络保持 5G 建设全球领先，累计建成并开通 5G 基站 231.2 万个，基站总量占全球 60% 以上。截至 2022 年年底，我国固定宽带接入用户规模为 5.9 亿户，人口普及率达 41.8 部 / 百人，远高于全球平均的 20.8 部 / 百人。其中 100Mb/s 及 100Mb/s 以上接入速率的固定宽带用户达 5.54 亿户，在宽带用户中占比升至 93.9%，远高于全球平均 65% 的水平。在物联网发展方面，截至 2022 年 12 月，我国移动网络的终端连接总数已达 35.28 亿户，移动物联网连接数达到 18.45 亿户，万物互联基础不断夯实[1]。那么，在千兆光纤网络、5G 等新型基础设施支撑下，移动互联网流量、固定宽带接入流量、物联网终端接入流量均呈现快速增长态势[2]。

---

1 《中国互联网络发展状况统计报告》，https://www.163.com/dy/article/I15RTBT30519008V.html，网易，2023 年 3 月 31 日 15:01，2023 年 4 月 20 日 11:58。

2 2022 年通信业统计公报解读：行业持续向好信息基础设施建设成效显著，中华人民共和国中央人民政府网站，http://www.gov.cn/xinwen/2023-02/02/content_5739637.htm，2023 年 2 月 2 日 09:37，2023 年 3 月 13 日 15:01。

根据CNNIC发布的第51次《中国互联网络发展状况统计报告》数据得知，截至2022年12月，我国网民规模达10.67亿，较2021年12月增长3549万，互联网普及率达75.6%，20~59岁网民总体占比67%。其中，手机网民规模为10.65亿，较2021年12月新增手机网民3636万，即网民中使用手机上网的比例达99.8%。此外，2022年我国互联网应用用户规模基本保持稳定，其中线上办公市场快速发展，吸引更多的网民使用。我国线上办公用户规模达5.40亿，较2021年12月增长7078万，占网民整体的50.6%[1]。2020年初新冠疫情暴发期间在线办公平台呈现流量井喷的增长态势，行业MAU在2020年2月开始大幅增长，并在4月达到峰值4.68亿。随着疫情好转及线下办公恢复常态，在线协同办公平台的用户活跃度有所回落，但在2021年1—12月，行业MAU均值仍有3.47亿的量级，行业渗透率保持在60%以上[2]。

综上，在互联网基础设施部分，无论是提供网络连接的电信基础，还是提供数据处理、存储、交换的设施基础，以及提供网络框架和网络使用的资源基础，均早已发展成熟。那么，就互联网基础对在线办公的支持来说，具体表现在以下5方面。

**一是扩展了在线办公的市场规模**。互联网催生了许多新兴市场，这些市场迅速发展并取得了显著的增长。正是这些市场规模的拓展，才在全球范围内提供了更多的办公机会给具体的企业和个人。那么，由互联网催生的新型市场包括但不限于电子商务（Electronic Commerce）、云计算（Cloud Computing）、在线教育（Online Education）、金融科技等。

---

1 CNNIC报告：截至2022年12月，我国网民规模达10.67亿，互联网普及率达75.6%，https://finance.sina.com.cn/tech/2023-03-24/doc-imymycye2945470.shtml，新浪财经，2023年3月24日14:48，2023年4月20日12:31。
2 用户破6亿，钉钉总裁说三五年内会盈利，在线办公赚钱咋这么难？搜狐 https://business.sohu.com/a/626727351_507132，2023年1月8日14:33，2023年4月20日13:01。

特别是金融科技领域，由于涉及在线支付、区块链等多方面，互联网的加持正逐步改变金融服务行业的面貌。

其中就电子商务的发展与全球应用看，通常指一种以互联网为基础、交易双方为主体、银行电子支付和结算为手段、任务需求方数据为依托的全新商务模式。狭义的电子商务指通过采用现代信息技术手段，以互联网和计算机装置替代传统交易过程中纸介质信息载体的存储、传递、统计和发布等环节，从而实现商品和服务交易及交易管理等活动的全过程无纸化；广义的电子商务概念是指利用整个IT技术使整个商务活动实现电子化。不仅有网上交易，而且包括供应链管理（SCM）、任务需求方关系管理（CRM）等。无论是广义还是狭义的电子商务，网络都是其实现的基础和手段。

据WorldPay发布的《2022年全球支付报告》，对全球41个国家和地区当前和未来的支付趋势进行分析后指出，全球电商增长速度依旧强劲，2021年，全球电商市场交易规模超5.3万亿美元，同比增长14%，移动设备交易额占所有电商消费额的52%。预计到2025年，全球电商交易规模将达到8.3万亿美元，其中，亚太地区将达到4.33万亿美元，欧洲将达1.4万亿美元，北美将为2.23万亿美元。全球最大的电子商务公司亚马逊（Amazon）利用互联网技术实现了高效的库存管理、订单处理和物流配送。通过亚马逊网站，全球消费者可以快速找到并购买产品，而众多卖家则可以轻松管理订单和库存。此外，亚马逊还利用机器学习算法优化推荐系统，提高用户体验和销售额。

云计算是通过网络"云"将巨大的数据计算处理程序分解成无数个小程序，然后通过多部服务器组成的系统进行处理和分析这些小程序得到结果并返回给用户。云计算是分布式计算、效用计算、并行计算、网络存储、热备份冗杂和虚拟化等计算机技术混合演进并跃升的结果。云计算不是一种全新的网络技术，而是一种全新的网络应用概念，云计算的核心概念就是以互联网为中心，在网站上提供快速且安全的云计算服务与数据存储，让每一个使用互联网的人都可以使用网络上的庞大计算资源与数据中心[1]。云模式有以下3种：公有云、私有云和混合云。公有云是由第三方提供商提供的共享资源服务，使用方可通过 Internet 使用，一般来说使用成本较低廉。私有云是使用方出于对数据、安全性和服务质量存在较高要求而单独构建的，因此该模式是专有资源。混合云则指融合了公有云和私有云的另一种模式，当使用方更愿意将数据存放在私有云中，同时又希望可以获得公有云的计算资源，在这种情况下混合云被越来越多地采用，达到既省钱又安全的目的。

那么，就中国云计算市场的发展规模看，国际分析机构 Canalys 发布的 2021 年中国云计算市场报告显示，中国的云基础设施市场规模已达 274 亿美元，由阿里云、华为云、腾讯云和百度智能云组成的"中国四朵云"占据 80% 的中国云计算市场。尤其是新冠疫情暴发以来，远程办公、在线教育、网络会议等需求爆发式增长，进一步推动云计算市场快速发展。

此外，狭义的在线教育就是一种基于网络的学习方式，通常泛指涵盖教育资源，包括课程、教材、教学资源等，以网络形式开展教育活动，提供学习资源、练习题库、课程讨论、考试模拟等服务的行业[2]。伴随在线教育的兴起，知识也越来越去中心化，与此同时，教学思想、教学理念、教学组织形态、教学方法等也随之改变。通过在线教育平台，学生可以随时随地学习课程，而教师则可以更方便地管理和批改作业。在线教育不仅提高了教学效率，还扩大了知识传播的范围。

---

1 罗晓慧. 浅谈云计算的发展 [J]. 电子世界，2019，（8）：104.
2 中国在线教育行业市场规模及未来发展趋势，https://baijiahao.baidu.com/s?id=1760990606092617593&wfr=spider&for=pc 博研咨询市场调研，2023 年 3 月 22 日 01:54，2023 年 4 月 21 日 13:46.

对比传统教育，在线教育具备如下优点：一是不受空间和时间的限制，让学习可以随时随地进行，特别是利用碎片化的时间与地点开展在线学习，已发展为"成人继续教育"的主要方式；二是使用门槛限制较低，只要能上网，无须下载学习内容即可完成学习和后续新知识的获得；三是知识变成了开源和可重复资源，学员可以根据自身需要反复学习，同时也让学习变得更加个性化，因此总体学习效率得到有效提升；四是扭转了"填鸭式"教育弊病，在线学习既支持学员间的交流与协作，更支持学员与老师间的无缝沟通。网经社电子商务研究中心联合网经社教育台发布《2020年度中国在线教育市场数据报告》显示，2020年中国在线教育市场规模约为4328亿元，用户规模约达3.42亿人，融资总额超539.3亿元，同比增长267.37%。

**二是提高在线办公的工作效率。**高速稳定的互联网连接使得参与其中的个人可以实时访问互联网资源（机构内部或外部），从而极大地提高工作效率。如前所述，云计算和大数据技术的发展，使得员工可以快速处理和分析大量信息，促进决策效率。当前全球光缆总带宽约为997 Tb/s，2017—2021年，其CAGR达到29%。许多主要路由的带宽增长率每两年翻一倍，而流量使用最多的则来自如谷歌、Meta、亚马逊和微软等互联网巨头，统计显示它们在2021年使用了多达69%的国际带宽，为此巨头们更加积极地投资海缆基础建设并自行运维部分海缆，以减少流量成本。

事实上，在信息化社会，互联网技术已经深入影响了各个行业，改变了传统的工作方式。许多先进的在线工具和应用广泛应用于企业，提高了工作效率，降低了成本，并推动了全球协作。首先，在线会议工具如腾讯会议、钉钉、Zoom、Microsoft Teams 和 Cisco Webex 等为企业带来了革命性的变化。这些工具让虚拟会议更具仪式感，同时也大大提升了会议的效率和效果。通过在线会议，员工可以随时随地参加会议，不受地理限制。这种方式减少了出差和实地会议的成本，节省了大量时间和资源。此外，许多在线会议工具还提供了高级功能，如屏幕共享、实时投票和互动白板，进一步提高了会议效果。在线会议工具的广泛应用使得企业能够实现更高效的沟通和协作，从而提高了整体的工作效率。

在线办公软件在提高工作效率方面也发挥了重要作用。Google Workspace、Microsoft Office 365 和飞书等在线办公软件允许团队成员共同编辑文档、演示文稿和电子表格，实时进行沟通和协作。这种方式减少了团队之间的沟通成本，提高了工作效率。此外，这些在线办公软件还提供了丰富的功能，如日历、待办事项列表和内部通讯录，帮助员工更好地组织工作，提高生产力。

项目管理工具，如 Trello、Asana 和 PingCode 等研发项目管理软件，覆盖研发全生命周期，广泛用于需求收集、需求管理、需求优先级、产品路线图、项目管理、测试管理、缺陷追踪、文档管理、效能度量等。这些工具还集成了 GitHub、GitLab、Jenkins、企业微信、飞书等工具，帮助团队更好地分配任务、跟踪进度和协调资源。通过使用项目管理工具，企业可以实现更高效的项目管理，降低因为缺乏组织和沟通导致的生产力损失。

CRM 系统，如 Salesforce 和 HubSpot，帮助企业更好地管理任务需求方信息、追踪销售线索和分析销售数据。CRM 系统通过提供集中的任务需求方数据存储、智能分析和自动化工作流程，帮助企业提高销售效率，增加收入。通过整合营销、销售和任务需求方服务等功能，CRM 系统能够实现任务需求方数据的一体化管理，使销售团队能更好地了解任务需求方需求，制定有效的销售策略。此外，CRM 系统还可以帮助企业提高任务需求方的满意度和忠诚度，从而实现持续的业务增长。

自动化和人工智能技术在提高工作效率方面发挥着越来越重要的作用。例如，聊天机器人可以帮助处理任务需求方咨询，提高客服效率；机器学习算法可以帮助分析大量数据，为企业提供有价值的见解。此外，自动化技术还可应用于报告生成、数据同步和工作流程管理等方面，降低人工操作的错误率和时间成本。随着自动化和人工智能技术的不断发展，企业将能更高效地处理日常事务，实现业务目标。

**三是支持跨地域协作**。互联网基础设施消除了地理障碍，使得全球范围内的团队成员可以进行实时沟通和协作。视频会议、实时聊天和在线文档共享等工具有助于团队在不同时间区域进行高效协作。从全球看，仅以视频会议为例，其发展经历了模拟电视会议阶段、数字视频会议阶段、基于 IP 网络视频会议阶段、多功能统一通信管理平台阶段等。通常意义下的视频会议系统大致分为传统视频会议系统与云会议系统，前者以硬件设备及专线传输为核心，基于嵌入式架构，需要配置网络及 MCU（多点呼叫和媒体信息交互机，完成各终端信号的汇接与切换）、摄像机等硬件设备，主要应用于中高端视讯方案中。而后者云视频会议则是以云计算为核心，采用 AVC（高级视频编码）、SVC（可分级视频编码或可适性视频编码）等云架构，服务提供商建设云计算中心的视频会议系统。企业无须购买 MCU，无须大规模改造网络，无须配备专业 IT 人员，只要通过租用服务的形式，就能实现在会议室、个人计算机、移动状态下的多方视频沟通。截至 2022 年 6 月，国内主流云视频会议产品单日平均使用时长达 25.4 小时[1]，各主流在线会议产品单日使用时长对比如图 1-2 所示。

---

1 2022 年视频会议行业研究腾讯会议、Zoom 商业模式分析，https://www.vzkoo.com/read/20220810c972b6d72bd119c415a7de54.html，未来智库，2022 年 8 月 10 日，2023 年 3 月 13 日 15:27。

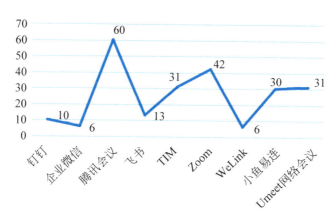

图 1-2　国内主流在线会议产品单日使用时长对比

以 GitHub 为例。GitHub 作为一个代码托管平台，使得开发人员可以在全球范围内共享代码、参与项目和相互学习，提高软件开发的效率。通过 GitHub，团队成员可以在一个集中的位置共享、存储和协作代码，其在跨区域协同方面的作用和优势有如下几点。

（1）分布式版本控制系统：Git 作为一种分布式版本控制系统，允许开发者在本地存储库中进行代码更改，然后将这些更改推送到远程存储库。这种设计确保了开发者无论身处何地，都可以访问和协作代码，从而实现跨区域协同。

（2）实时协作和代码审查：GitHub 提供了实时协作和代码审查功能。团队成员可以创建 Pull Request，提交代码更改，并邀请其他成员进行审查。通过这种方式，团队可以保持代码质量，确保所有成员对代码变更保持一致的理解，从而提高跨区域协同的效果。

（3）项目管理工具：GitHub 提供了诸如 Issues 和 Project Boards 等项目管理工具，帮助团队更好地跟踪任务和协调资源。通过为不同的功能和需求创建 Issues，团队成员可以在全球范围内共享任务，实现跨区域协作。此外，Project Boards 可以帮助团队更好地管理项目进度，确保所有成员都了解项目的整体状况。

（4）文档和 Wiki：GitHub 支持 Markdown 语法，允许团队在代码库中创建详细的文档和 Wiki。通过编写文档，团队成员可以更好地了解项目背景、功能需求和技术实现，从而实现跨区域协同。

（5）集成第三方服务：GitHub 可以与许多第三方服务集成，如持续集成 / 持续部署（CI/CD）工具、代码质量检查工具和通知工具等。这些集成可以帮助团队更高效地进行跨区域协作，提高工作效率。

（6）社区支持和开源协作：GitHub 拥有庞大的开发者社区，使得跨区域协作变得更加容易。开发者可以在社区中分享自己的项目，寻求帮助和建议。同时，开源项目可以吸引全球范围内的贡献者，实现跨区域、跨团队的协作，从而推动项目的发展和创新。

**四是降低企业成本，提高企业效益**。在线办公减少了对传统办公场所的需求，从而降低了企业在房租、设备维护和能源消耗等方面的成本。如在新冠疫情暴发期间，多地政府纷纷出台了房租减免等相关政策。如 2020 年 5 月，北京对房租减免事宜详细规定：承租京内市属国有企业房产从事生产经营活动，按照政府要求坚持营业或依照防疫规定关闭停业且不裁员、少裁员的，免收 3、4 两个月的租金。承租用于办公用房的，3 月和 4 月给予租金 50% 的减免。2022 年 4 月，上海市高级人民法院发布文件《上海高院关于涉疫情合同纠纷案件法律适用的 12 个问答》，其中第 5~7 条对疫情期间房屋租金的支付与减免政策做出了指导。那么，在政府的支持下，企业进一步自我节流，便可有效降低团队运行成本。结合笔者管理的线上办公团队，稍加计算便可发现，以平均每年 100 人为基准人数，按照人均合理办公面积为 2.5 平方米，一年即 250 平方米，仅以此项计算，抛开公摊、会议室等其他使用面积和水、电等行政费用，那么以武汉市写字楼平均费用 65 元 / 月 / 平方米计算，一个月的费用为 16 250 元，一年的费用为

19.5万元，则五年可节约费用为97.5万元。

此外，通过互联网基础设施，企业可以更加灵活地扩展业务，减少对人力资源的投入；同时使得企业能够吸引全球范围内的优秀人才，提高企业的竞争力。在线办公为员工提供了更高的工作自由度和生活平衡，因此也有助于企业提高员工满意度和留任率。我们看到，特别是经营内容对线下办公要求较低的组织机构，逐步开始选择线上办公模式。有报告[1]显示（图1-3），当下在线招聘的主力军是规模为20~99人的中小企业，其发布的远程居家办公职位招聘数在该类招聘总数中占比逾3成；排在第二位的是100~499人的企业。特别是，更大规模的企业在过去三年的远程居家办公招聘额呈上升趋势，规模为1000~9999人的企业在全部远程居家办公职位招聘中占的份额从2019年的7%上升到2020年的14%，并在2021年稳定在13%，10 000人以上的企业在2019年时只占远程居家办公职位招聘的2%，但在2020年上升到7%，并在2021年持续增加至14%。

图1-3 远程居家办公的招聘情况

---

[1]《中国远程居家办公发展报告》，http://www.tynews.com.cn/system/2022/05/11/030451568.shtml，太原新闻网，2022年5月11日16:09，2022年7月12日11:30.

**五是应对突发事件**。在面临自然灾害、公共卫生事件等突发情况时,完备的互联网基础设施使企业能够快速响应,确保业务连续性。例如,在新冠疫情期间,许多企业利用在线办公迅速调整工作模式,保障员工健康和业务稳定。在线办公一度成为全球范围内广泛采用的应对策略之一。此种灵活办公模式亦展现出强大的生命力。如在2020年5月,脸书公司首席执行官马克·艾略特·扎克伯格(Mark Elliot Zuckerberg)就曾预计,公司50%的员工将在未来五到十年内远程办公。而推特公司则在更早时的一份声明中表示,推特公司是"最早在疫情面前实行远程办公制的公司之一,但不会是最先返岗的"。事实上,在新冠疫情之前,推特公司就接受了大多数人远程办公的工作方式。在该公司2019年第四季度财报电话会议上,首席执行官杰克·多尔西(Jack Dorsey)就欣然接受了远程工作的理念,同时对这么多推特员工在旧金山办公表达了不满。当时他认为:"我们的人员集中在旧金山已经不再对我们有利,我们将争取把劳动力分散到各地,并借此提高我们的执行力。"

2021年4月,脸书相关人员在接受英国广播公司的采访时透露,脸书员工可以在获得经理批准的情况下申请永久工作。2021年5月,谷歌公司首席执行官桑达尔·皮查伊(Sundar Pichai)在面向谷歌公司全体员工的一封电子邮件中表示,谷歌公司将进行混合工作周,办公室工作和远程办公并行,预计会有大约60%的员工每周有三天时间在办公室,20%的员工永久居家办公。而微软公司在一份名为"下一次重大颠覆是混合工作——我们准备好了吗?"的研究中表明,灵活工作将继续存在,如果雇主想留住人才,则应该接受混合工作的想法。报告数据显示,超过70%的员工希望拥有灵活的远程工作模式。

除了这些知名企业,还有许多中小型企业和垂直行业知名公司在疫情期间实施了在线办公。这种新的工作模式很大程度上保障了企业的运营和员工的健康安全。如 Gartner 在对 74 名首席财务官和财务主管进行的一项调查中显示，近四分之一的受访者表示，他们会将至少 20% 的现场员工转移到永久的远程职位（图 1-4）。这些被调研对象——首席财务官当时正面临着严格管理成本的压力，因此格外清楚地感觉到远程劳动力成本效益的机会，于是他们认为远程工作是高级财务领导者正在寻求创造性成本节约的一个例子，以避免更严重的削减，并最大限度地减少对运营的负面影响……且伴随技术和社会的发展，远程工作比以往任何时候都更适合各种职位。

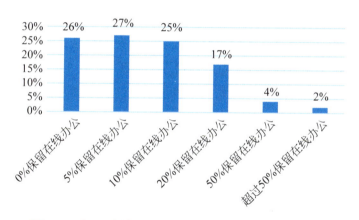

图 1-4　新冠疫情前后对在线办公模式的保留意愿

那么，就国内情况来说，如艾瑞咨询在《2020 年中国在线办公行业"战疫"专题数据监测报告》中指出，2020 年 2 月新春复工期间，中国有超过 1800 万家企业采用线上远程办公模式，共计超过 3 亿人使用在线办公应用。在线办公的常态化发展，将加速企业数字化转型进程，并推进办公场景的进一步拓展，以及新型雇佣方式的兴起。2019 年，中国智能移动办公市场规模达到 288 亿元，随着在线办公需求的增长及用户习惯的养成，智能移动办公市场将会快速发展。

### 1.1.3 网民基本素养持续提升

移动互联网背景下的各类新媒体平台,近几年经历着从图文等冷媒介趋向视频/短视频等热媒介的发展轨迹,从而总体呈现出日益简单、易用、便捷、实用等特征。而网民,作为移动互联网发展的土壤,结合 CNNIC 发布的历年数据看出,网民的数量、规模及网络基本应用素养均呈持续增长态势。

如在 2022 年发布的第 51 次《中国互联网络发展状况统计报告》中看到:截至 2022 年 12 月,我国城镇网民规模为 7.59 亿,占网民整体的 71.1%;农村网民规模为 3.08 亿,较 2021 年 12 月增长 2371 万,占网民整体的 28.9%。其中,城镇地区互联网普及率为 83.1%,较 2021 年 12 月提升 1.8 个百分点;农村地区互联网普及率为 61.9%,较 2021 年 12 月提升 4.3 个百分点。那么,就非网民数据看,截至 2022 年 12 月,我国非网民规模为 3.44 亿,较 2021 年 12 月减少 3722 万。从地区看,我国非网民仍以农村地区为主,农村地区非网民占比为 55.2%,高于全国农村人口比例 19.9 个百分点。从年龄看,60 岁及 60 岁以上老年群体是非网民的主要群体。截至 2022 年 12 月,我国 60 岁及 60 岁以上非网民群体占非网民总体的比例为 37.4%,较全国 60 岁及 60 岁以上人口比例高出 17.6 个百分点。

此外,网民人均上网时长保持增长趋势,截至 2021 年 12 月,我国网民人均每周上网时长达到 28.5 小时,较 2020 年 12 月提升 2.3 小时。对于该数据,截至 2022 年 12 月,我国网民的人均每周上网时长为 26.7 小时,较 2021 年 12 月下降 1.8 小时。其中,即时通信用户规模达 10.38 亿,在网民中基本实现普及,较 2021 年 12 月增长 3141 万,占网民整体的 97.2%。

就网民互联网基本素养的提升看，具体表现在以下 4 方面（见图 1-5）。

图 1-5　网民互联网基本素养的 4 方面

**一是新媒体平台的应用能力：**网民可成功接入移动互联网，顺利下载并使用各类移动应用产品，不局限、不拘泥于"看客"身份，而是积极作为内容的输出主体，结合最时兴的辅助工具，以更贴合移动互联网传播调性的形式（或"鬼畜"视频，或深度长文等）活跃于各流量平台。对此，以网民就短视频平台的应用来说，以 TikTok、抖音为例。根据 Sensor Tower 数据，截至 2021 年年底，TikTok 全球下载量超过 20 亿次，中国大陆地区的抖音月活跃用户数达到 6 亿，而截至 2022 年第三季度，抖音用户达 8.09 亿左右，DAU 日活用户量级超 7 亿。这些平台鼓励用户创作短视频，展示自己的才艺和创意。众多网民通过这些平台学习视频制作技巧，提升自己的创意表达能力。如在《2022 抖音数据报告》中看到，新冠疫情相关时刻成为抖音用户 2022 年度共同记忆，报告显示，抖音共记录 4559 万次居家，325 万次云健身、271 万次上网课。居家期间，用户偏好在抖音"云游"，其中动物园直播累计观看近 4 亿次[1]。

---

1　2022 抖音数据报告：网友记录 325 万次云健身、271 万次上网课，https://m.yangtse.com/wap/news/2657048.html，紫牛新闻，2023 年 1 月 12 日 15:48，2023 年 4 月 28 日 17:01。

再如 Instagram、微博等社交平台上的许多博主和意见领袖，他们利用自己的才艺和创意吸引粉丝关注，为网民提供了一个展示创新和创意的舞台。截至 2022 年第四季度末，微博月活跃用户达 5.86 亿，同比净增 1300 万，日活跃用户达 2.52 亿，同比净增 300 万。在社交媒体上，大量网民以"自媒体"身份通过发布有趣、独特的内容吸引了大量粉丝。根据一项关于全球创新指数的报告，2021 年，全球创新指数（GII）排名前十的国家中，多数国家的网络普及率超过 90%，且在知识产权保护、创新环境等方面表现优秀。这意味着，在这些国家，网络和创新之间存在一定的关联。

而虚拟现实（VR）和增强现实（AR）技术在互联网领域的应用日益普及，为网民提供了全新的创新空间。据统计，2021 年全球 VR 和 AR 市场规模达到约 216 亿美元。这些技术为网民提供了丰富的创新可能，包括虚拟世界的探索、新型游戏设计、产品展示等。如在各类 VR UGC[1] 内容，游戏 UGC 目前创造出的内容体量最大。仅《VRChat》一款游戏中，玩家创建的房间就超过 25 000 个。不过，绝大多数游戏 UGC 都局限于某一款游戏内，彼此不互通，因此游戏在整个 VR UGC 生态中是相对独立存在的一环。再如 VR 绘画，与平面二维作画方式不同，VR 绘画将人们的画板延伸到三维空间，创作者可以在前、后、左、右等各方向绘画，形成更加立体的震撼效果，甚至可以穿进画面内部，感受"人在画中游"的体验。VR 绘画概念最早（2015 年）源于谷歌旗下的"Tilt Brush"应用，内置了油墨、油漆、雪、火等不同的笔触效果。法国艺术家 Anna Zhilyaeva 通过 VR 绘画描绘了一幅幅绚丽梦幻的画中世界，她还曾受邀到法国卢浮宫进行现场绘画表演，临摹创作了世界名画《自由引导人民》。

---

1 互联网术语，全称是 User Generated Content，即用户生成内容。

此外，网民还可利用互联网资源进行自我学习和成长，如参与在线课程、查阅专业资料、交流经验等。如借由抖音直播，知识不再局限于书本和传统课堂。2022 年，抖音高校直播共 21 103 场，场次同比提升 46%，观看用户超 9500 万人。4 位诺贝尔奖得主、45 位院士、近 400 位教授在抖音传递知识，拉近专业内容与公众的距离，促进知识普惠[1]。再如互联网上的开源社区和在线教育平台——GitHub、Coursera、Udemy 等，为广大网民提供了学习和创新的机会。这些平台涵盖了各个领域的知识和技能，使网民能够自主学习，拓展自己的知识体系，为创新创意提供基础。以 GitHub 为例，截至 2021 年，该平台有超过 5600 万的开发者，共享了超过 3300 万个项目。这些有助于提高个人素质和能力，促进社会文明进步。

**二是信息筛选与鉴别能力：** 即网民在面对海量信息时，能更好地筛选和判断信息的真实性和可靠性，避免传播虚假或误导性信息。这有助于维护网络环境的健康和稳定，降低网络谣言和虚假信息的传播风险。如在新冠疫情期间，许多网民面对关于疫情的各种信息时，表现出较强的判断力。许多人能够识别并避免传播虚假治疗方法、防护措施及不实的疫情数据。这有助于减少恐慌情绪的传播，促使公众关注可靠的信息来源，如世界卫生组织、政府部门和专业医学机构。根据一项关于青少年网络素养的研究，2017—2021 年，青少年在识别虚假新闻和信息的能力方面取得了显著进步。研究发现，这一进步可以归因于学校和家庭在提高青少年网络素养方面的重视以及互联网企业在打击虚假信息传播方面的努力。

如在 2023 年 3 月 28 日国务院新闻办公室举行的新闻发布会上，国家互联网信息办公室副主任牛一兵等介绍了 2023 年"清朗"系列

---

[1] 2022 抖音数据报告：网友记录 325 万次云健身、271 万次上网课，https://m.yangtse.com/wap/news/2657048.html，紫牛新闻，2023 年 1 月 12 日 15:48，2023 年 4 月 28 日 17:01。

专项行动有关情况——国家互联网信息办公室组织开展的 13 项"清朗"专项行动，取得了良好效果。清理违法和不良信息 5430 余万条，处置账号 680 余万个，下架 App、小程序 2890 余款，解散关闭群组、贴吧 26 万个，关闭网站 7300 多家，有力维护网民合法权益。

## 中央互联网信息办公室部署开展"清朗·打击网络谣言和虚假信息"专项行动[1]

为深入清理网络谣言和虚假信息，营造风清气正的网络环境，按照 2022 年"清朗"系列专项行动总体安排，中央互联网信息办公室决定即日起在全国范围内启动为期 3 个月的"清朗·打击网络谣言和虚假信息"专项行动。

### 一、工作目标

以习近平新时代中国特色社会主义思想，特别是习近平总书记关于网络强国的重要思想为指导，全面深入清理网络谣言和虚假信息，着力解决旧谣言反复传播、新谣言层出不穷的问题。健全完善监测、发现、辟谣、处置全流程工作规范，压紧压实网站平台主体责任，打通谣言治理工作的"最后一公里"。加大造谣传谣行为惩治力度，查处曝光典型案例，形成强大震慑，最大限度挤压网络谣言和虚假信息生存空间，营造清朗网络环境。

### 二、工作任务

坚持管内容、管行为、管主体相结合，聚焦问题多发高发的重点平台、重点环节、重点板块，切实加大清理整治力度，建立完善常态化治理机制，持续保持高压严管态势，确保专项整治取得实效。

---

[1] 中央互联网信息办公室部署开展"清朗·打击网络谣言和虚假信息"专项行动，http://www.cac.gov.cn/2022-09/02/c_1663745754062601.htm，中央互联网信息办公室，2022 年 9 月 2 日 18:25，2023 年 4 月 28 日 14:20。

（一）坚持分类研判处置。一是对涉重大会议、重要活动、重要政策发布以及侮辱诽谤英雄烈士、亵渎否定英雄烈士事迹精神等谣言和虚假信息，要从严从快从重清理处置。二是对涉安全生产、交通运输、自然灾害等公共突发事件，特别是涉险情、疫情、灾情、警情的谣言和虚假信息，要积极督促有关部门加强正面回应，澄清事实，回应关切。三是对社会、经济、民生领域的谣言和虚假信息，要加强与相关部门沟通，推动及时发声辟谣，防止扩散蔓延，误导民众。

（二）加大溯源追责力度。一是督促网站平台加强技术手段建设，提升溯源能力，对首发谣言和虚假信息的平台账号，视问题性质进行处置处罚，强化源头遏制。二是制定完善网络谣言和虚假信息处置处罚细则，根据严重程度、是否首发、转发次数等维度，视情采取警告、禁言、永久封禁等措施。三是对首发恶劣谣言、多次传播谣言、利用谣言进行恶意营销炒作的账号主体，纳入黑名单管理，情节特别严重的，全网禁止注册新账号。四是定期集中通报曝光处置处罚情况，公布违法违规典型案例，形成有力震慑。

（三）健全完善辟谣机制。一是中国互联网联合辟谣平台组织网站平台对存量谣言和虚假信息进行摸底，打上标签，对新增谣言和虚假信息组织有关部门准确辨识，认定后及时打上标签。二是要求重点网站平台开设辟谣专栏，及时转发中国互联网联合辟谣平台和相关部门权威信息，全面推送呈现。三是在评论置顶位及时展示重要辟谣信息，搜索涉谣言关键词时，在搜索结果中突出显示辟谣信息，社交群组加强提醒警示，扩大权威信息的覆盖面和触达率。四是研究完善算法推荐规则，对接触过谣言和虚假信息的用户，精准推送相关辟谣信息，提升辟谣效果。五是要加强与相关主管部门的协同联动,完善信息通报、线索移交、联合处置等工作机制，发生重大网络谣言事件时，联合发布权威信息，及时澄清事实，回应群众关切。

（四）压实平台主体责任。一是做好存量处置，督导网站平台落实管理要求，对已认定的谣言和虚假信息，第一时间排查处置，防止反复传播。指导平台建立样本库，及时更新完善，运用技术手段进行比对匹配，做好拦截处置。二是做好增量遏制，加强日常监测分析，对影响大、传播广的无权威来源信息，主动向有关部门进行查证，及时识别处置，努力把新发谣言和虚假信息消灭在萌芽状态。三是强化网络谣言和虚假信息线索监测报送，网站平台常态化开展日常监测和线索收集，按要求及时上报。四是重点网站平台要设立网络谣言和虚假信息专门举报入口，细化分类标准，发动广大网民积极举报，广泛提供证据线索。

### 三、工作要求

（一）提高思想认识。各地网信部门要充分认识开展打击网络谣言和虚假信息专项行动的重要意义，认真部署、精心组织、扎实推进。要认真梳理属地问题多发高发的平台环节，制定细化工作方案，抓好专项整治任务落实，确保工作实效。

（二）全面排查整治。要督促属地重点网站平台成立工作专班，紧盯重点呈现区域，全面排查问题漏洞，提升技术水平，完善工作机制，强化内容审核管理，确保专项行动各项任务落实落地落细。

（三）强化督导问责。各地要组织对专项行动效果进行评估考核，建立工作台账，根据问题严重程度、整改落实情况，开展专项督导。对专项行动要求落实不力、问题突出的网站平台，严格进行处罚问责。

此外，在全球范围内，一些非政府组织和社会团体，如国际事实核查网络（IFCN）、Snopes 和 PolitiFact，也为公众提供了各类事实核查服务，帮助网民分辨虚假新闻和不实信息。这些组织的存在和活动，提高了网民对信息真实性的关注度，增强了他们的判断力。社交媒体平台如 Facebook、Twitter 和微信近年来加强了对虚假信息的打击力度。这些平台利用人工智能技术识别和屏蔽虚假信息，同时加强对恶意账户的监管，限制虚假信息的传播。这些举措使得网民在获取信息时更容易接触到可靠的内容，从而提高了他们的信息筛选和判断能力。如早在 2021 年据微信安全团队透露，微信每天收到用户发起的谣言举报就有 3 万次，日均谣言拦截量达 210 万次。

**三是网络安全意识**：网民的网络安全意识得到提高，更加注重个人信息和隐私保护。例如，设置复杂的密码、不随意透露个人信息、谨慎使用公共网络等。这有助于防范网络犯罪和保护个人隐私。在一项关于网络安全的民意调查中，约 78% 的受访者表示，他们过去一年内更加重视个人信息和网络安全，其中包括定期更改密码、使用两步验证等安全措施。这表明网民的网络安全意识正在逐渐增强。

党的十八大以来，在习近平新时代中国特色社会主义思想特别是习近平总书记关于网络强国的重要思想指引下，我国网络安全工作取得历史性成就、发生历史性变革。国家网络安全顶层设计不断优化，网络安全政策法规和制度标准体系不断健全，网络安全工作体制机制日益完善，网络安全教育、技术、产业融合发展稳步推进，全社会网络安全意识和能力显著提高，广大人民群众在网络空间的获得感、幸福感、安全感不断提升，网络安全保障体系和能力建设全面加强。其中就网络安全人才培养、全民网络安全意识和技能不断加强方面：

**一是持续举办国家网络安全宣传周**：自 2014 年以来，我国连续 9 年在全国范围举办国家网络安全宣传周，坚持网络安全为人民、网络安全靠人民，广泛开展网络安全进社区、进农村、进企业、进机关、进校园、进军营、进公园"七进"活动，以通俗易懂的语言、群众喜闻乐见的形式，宣传网络安全理念、普及网络安全知识、推广网络安全技能，形成共同维护网络安全的良好氛围。

**二是持续开展常态化网络安全宣传教育工作：**近年来，中央互联网信息办公室围绕网络安全领域新政策、新举措、新成效，针对个人信息保护、数据安全治理、关键信息基础设施安全保护、电信网络诈骗犯罪、数字平台健康发展、青少年健康上网等社会热点问题，结合重要时间节点，创新方式方法，通过图文、直播、短视频、公益短剧、益智游戏、线上课程等融媒体形式，以及宣传展览、巡回讲座、技能大赛、社区讲解、互动体验等线下方式，以创新性的内容供给、立体化的传播矩阵、针对性的受众投放，深入开展宣传教育[1]。

另一项针对企业员工的调查显示，随着网络安全培训的推广，员工对网络安全的意识有所提高。调查数据显示，经过安全培训的员工，在处理钓鱼邮件、恶意软件和其他网络威胁方面，表现得更加谨慎和有效。

**四是网络道德与公德心：**网民在网络上的道德和公德心得到提升，更加尊重他人的权益和意见，遵守网络规则，不传播低俗、暴力、侵权等不良内容。这有助于营造一个文明、健康、和谐的网络环境。那么，就网民道德和公德心具体面向来看，包括但不限于网民更加注重网络行为的合法与合规，不参与侵犯他人权益的活动，如盗版、抄袭、网络攻击等。这有助于保障网络正常秩序，促进互联网行业健康发展。网民在社交媒体上的使用习惯得到进一步改善，更加理性、克制地参与讨论和表达意见，不过度追求关注和赞誉，避免网络暴力和网络欺凌现象。

具体在反对网络欺凌和仇恨言论方面，在网络空间中，网民更关注他人的权益和尊重。他们积极反对网络欺凌行为，支持

---

[1] 我国网络安全工作发展成就与变革，http://www.cac.gov.cn/2022-12/30/c_1674035399245817.htm，中华人民共和国国家互联网信息办公室，2022年12月30日08:33，2023年4月28日15:29。

和参与各种反欺凌活动和倡议。此外，网民也主动抵制仇恨言论和种族歧视，致力于维护一个友善、包容和尊重多样性的网络环境。如在社交媒体上，#Me Too运动（直译为"我也是"）成为一个全球范围内抗议性别暴力和性骚扰的重要倡议。该运动通过网民分享自己的经历，揭示性别不平等和性骚扰的问题，并引发了广泛的讨论和关注。该运动在国内舆论场也受到网民的关注，如在知乎平台发起的"Me Too行动"，浏览量达1.3亿，讨论达8.8万[1]。网民通过这个运动支持受害者，呼吁改变社会对性别暴力的态度，推动正义和平等。

### #Me Too运动的兴起

"Me Too"运动的创始人是美国社会活动家塔拉·伯顿（Tarana Burke）。她在2006年创建了一个名为"Just Be"的社区项目，旨在帮助性侵幸存者重建信心，为她们提供支持。"Me Too"最初作为这个项目的一部分，用来表达对性侵幸存者的团结和支持。

2017年，好莱坞制片人哈维·韦恩斯坦（Harvey Weinstein）被揭发性侵丑闻后，该运动得到全球范围的广泛关注。美国女演员艾莉莎·米兰诺（Alyssa Milano）在推特上发起了一个名为"#Me Too"的倡议，鼓励性侵幸存者分享自己的经历。这一倡议在社交媒体上迅速传播，吸引了数百万人参与，并引发了全球性的讨论和反思。

#Me Too运动的影响迅速扩展到其他国家和领域。在各个行业和社会层面，越来越多的人开始分享自己的经历，揭示性别不平等、性骚扰和性侵的问题。这一运动不仅引发公众对性别暴力的关注，也推动社会对性侵问题的认识和讨论。"#Me Too"运动还引发了一系列变革和行动。许多知名人物和机构被曝光并面临严重后果，包括失去

---

1　数据截至2023年5月4日12:51。

职位、终止合约和追究法律责任。此外，一些国家也采取措施来加强性侵犯的法律保护和预防措施，以确保性侵幸存者能得到公正对待和支持。

## 1.2　在线办公的现实需求

在线办公作为一种新兴的工作模式，在许多方面都有明显的优势，但同时也存在一些劣势（如图1-6所示）。其优势如灵活性，在线办公为员工提供了更高的时间和地点灵活性，使得员工可以根据自己的需求和习惯安排工作时间，更好地平衡工作和生活；促进生产力提高，许多研究表明，在线办公可以提高员工的生产力。这可能是由于员工在家工作时能节约通勤时间、降低干扰，以及更好地集中精力；拓宽企业人才招聘范围，在线办公允许企业招聘全球范围内的人才，不受地理位置限制。这有助于企业吸引更多的优秀人才，提高竞争力；降低企业成本，在线办公可以降低企业在房租、设备维护、办公用品等方面的成本。对于许多企业来说，这是一个显著的成本优势。

与此同时，在线办公不可避免地也有一些劣势，如沟通障碍的客观存在，在线办公较传统的线下办公模式，可能导致沟通不畅，尤其是在涉及复杂问题或需要面对面交流的情况下，将直接影响团队合作和决策效率；再如就从业者而言的边界模糊，在线办公可能导致工作与生活边界模糊，使得其难以在工作和休息之间平衡。这可能导致过度工作、压力增加及健康问题；此外，在线办公还缺乏团队凝聚力，由于此类办公模式下的员工彼此间的社交互动较少，从而影响团队凝聚力和企业文化；信息安全风险也是其弊端之一，因为员工可能会在不安全的网络环境中处理敏感信息，或者使用不安全的设备和软件；

最后是自律和管理挑战加剧，在线办公要求员工具备较高的自律和时间管理能力。同时，对于管理层来说，远程管理和绩效评估也是需要接受的一项挑战。

图 1-6　在线办公的优势与劣势

综上，在线办公作为一种新型工作模式，无论从职业供给方还是应聘需求方，均在更大规模下被选择、接受和使用。其一度成为现代工作模式的重要组成部分。随着技术的进一步发展和人们对灵活工作方式的追求，可以预见在线办公未来将继续蓬勃发展，并对市场和求职产生更加积极的影响。

## 1.2.1　工作自身对在线办公的现实需求

在线办公为人们提供了许多适合在家工作的职业机会，诸如远程任务需求方服务代表，仅通过电话、电子邮件或在线聊天等方式便可与任务需求方进行沟通，为之解答问题并提供支持和投诉处理等；在线教育和培训，特别作为在线教育平台的教师、导师或培训师，通过远程教学或培训即可提供知识和技能的传授；网络设计和开发，在网站设计和开发、应用程序和在线平台等方面，提供技术支持和维护；数据分析和市场调研，即通过在线工具和数据库进行数据收集、案头分析和报告，帮助服务对象做出战略决策；在线销售和电子商务，在网上销售产品或服务，管理电子商务平台和在线商店；再如远程项目管理，仅通过在线协作工具，负责远程团队的项目管理、任务分配和进度跟踪。

此外，伴随移动互联网时代进程的推进，网络内容创作方兴未艾，即大量个人利用业余时间，通过在线方式开启多模态内容创作，包括图文类创作及视频、短视频类，即所谓"具体化自媒体"[1]，指个人从事内容生产、传播与运营的自媒体。该类自媒体最接近丹·吉摩尔等学者研究下的"草根媒体"。以韩国媒体网站（Oh my News）为例，早在 2004 年该网站便拥有近 4 万普通公民记者，贡献了 70%~80% 的稿源。方兴东在对中国互联网 20 年的回顾研究中认为，个人媒体的发展是互联网文化创新维度的（先锋）表现，互联网将越来越成为一个"以人为本"的虚拟社会，届时个体网民将成为创造者、建设者和分享者，成为互联网的主体力量[2]。

视频及短视频类创作、发布平台如 B 站、抖音等。B 站的全称为哔哩哔哩，截至 2022 年第四季度，其站内月均活跃 UP 主[3] 达 380 万，同比增长 25%；月均投稿量达 1760 万，同比增长 62%。就抖音平台来说，截至 2022 年 6 月，据其官方统计，短视频内容创作者已达 1.3 亿，其中粉丝量上亿的博主有 2 个，5000 万以上的博主有 12 个，1000 万以上的博主有 780 个，500 万以上的博主有 2470 个，100 万以上的博主有 3 万个左右。创作者平均每天更新一条内容，覆盖 28 个行业及 91 个具体赛道。以测评类内容创作为例，具体包括美妆测评、

---

1　黄丽媛. 自媒体成长性实证研究 [D]. 武汉：武汉大学新闻与传播学院，2017：32.
2　方兴东，潘可武，李志敏，等. 中国互联网 20 年：三次浪潮和三大创新 [J]. 新闻记者，2014（4）：3-14.
3　UP 主：up 是 uploader 的简称，泛指在视频网站、论坛等平台站点上传视频音频文件的人。

3C 数码测评、汽车测评、美食产品测评、母婴产品测评、综合测评及其他。

图文类内容创作平台则如微博、微信、知乎等。据微博运营高级副总裁曹增辉公布的平台用户、内容生态的发展数据显示，截至 2022 年第四季度，微博创作者规模（1 万粉以上）达 143.6 万个，同比提升 6%；10 万粉以上创作者新增 2 万个，100 万粉以上创作者新增 3000 个。而第三方新榜公开数据显示，微信公众号于 2022 年累计产出至少 3.98 亿篇文章，即每天至少有超过 109.27 万篇新文章推送给读者。知乎的定位则是"有问题就会有答案"的问答社区，2022 年知乎平均月活跃用户为 1.013 亿人，累计拥有 6310 万名内容创作者，贡献了 5.059 亿条问答内容，覆盖超过 1000 个垂直领域，内容品类包括知识、财经、科学、时事等较为专业的品类及娱乐品类等。

此外，以笔者管理的一支团队来说，早在 2018 年便采取在线办公模式，追溯当初选择此种办公模式的原因竟是"不得已而为之"。首先，当时该团队的工作内容对员工工作时间乃至时长的灵活性要求比较高，即当时该团队的主要工作是对互联网公开信息的选择性收集、精筛与呈报，服务时段往往是 7×24 小时或者 7×16 小时，且要求所有工作不可间断。于是基于这样的工作要求，经讨论后，我们决定采用在线办公模式：一来可以充分满足上述工作要求，保证各项工作排班、生产执行与交付的连续性和贯通性；二来可通过不同项目的交叉安排，整合人力资源，在大大减少人力浪费的同时让整个团队的运转更紧凑；三来尊重且响应了从事该类工作小伙伴的诉求，此办公模式不仅可节约如早、晚班等非正常时间段的通勤成本，还能让大家在早、晚班结束后得到更充分的休息。

然而，设想归设想，真正开始执行此工作模式后发现，其并未被求职者广泛接受。所以，彼时该种模式下的人员招聘工作开展得并不顺利，且人员流动性极高，表现为即便是入职后的员工，也常常因为"居家办公"受到家人的职业歧视（认为其每天在家工作是不务正业等），以及没办法正常参与社交等原因，最终选择离职。此外，当时也没有适用于在线办公的各类软件的加持，使得这个模式面临诸多实际考验，于是我们又不得不花费更多的管理成本，思考和总结更多的规章制度（该内容将在第4章详细介绍）来规避这些问题和考验。

那么，哪些工作适合在线办公模式呢？结合以往的经验，我们认为采用在线办公模式类工作需要具备以下要素：①工作时段长且要求不间断持续进行，特别如客服、信息呈报等；②工作内容可完成于各类办公软件，而非实体机器等，即所有的工作过程和交付物都存在于计算机或各类应用软件中，包括但不限于通过在线软件可以完成的培训、授课、售后等；③工作的横向协同性要求相对较低，几乎为0，即通常在一定周期下，仅需要个别人便可独立完成某项工作，其他部门或主体参与该工作的时间点往往是工作开始之前的准备阶段，或者以天或周乃至更长节点的周期性复盘阶段；与此同时，工作的纵向协同性则相对较高，即多人以线性方式先后配合完成某项工作。因此，当纵向协同一旦出现断档或交接失误，新的问题也会随之出现，比如工作标准的统一、工作质量的统一等，此类问题也会在第4章予以详细介绍，并给出对应的解决之道。

### 1.2.2 用人市场对在线办公的现实需求

近年来，伴随移动互联网的发展，人类社会加速完成虚实转化，具体表现在社会上网时长的大幅增长，线上生活由原先短时的、瞬时的状态日渐成为常态，而线上工作和学习也由过去对现实世界的补充角色逐渐变成与现实世界的平行乃至替代角色,更重要的是,在此过程中普通人的认知也发生了根本性转变——虚拟的不是虚假的,更不是无关紧要的。于是,我们看到社会生活发生了实质性的迁移,即从线下到线上的打通和迁移,人类成为现实与数字的两栖物种[1]。

就远程居家办公而言,根据 HRoot 提供的数据,近 3 年,美国灵活用工渗透率保持在 32% 左右,而日本更是达到 42%。另有报告显示,截至 2020 年 6 月,远程办公用户规模达到 1.99 亿,占整体网民的 21.2%,同期远程会议的日均使用时长达到 110 分钟[2],其中高达 76% 的求职者在疫情后更关注远程居家办公的招聘广告,83% 的求职者在疫情后更倾向找可以远程居家办公的职位,90% 的求职者在疫情后更希望自己所在公司允许员工远程居家办公[3]。

宏观来看,远程办公、在线办公在事实层面得到了广泛讨论。如图 1-7 所示,在百度指数输入"远程办公"了解到,2018 年 1 月 1 日至 2022 年 7 月 1 日,互联网用户对该关键词的搜索关注程度呈上升趋势。具体通过平均搜索指数(图 1-7 中虚线)发现,以 2020 年第一季度为界限,后半段(2020 年 6 月至 2022 年 7 月)的搜索指数明显高于前半段(2018 年 1 月至 2020 年 1 月)。通过图 1-8 则进一步了解,关注远程办公、在线办公的人群 90% 为法定工作适龄人群,其中 20~29 岁人群的搜索关注度最高,30~39 岁和 40~49 岁人群次之。

---

1 《元宇宙发展报告 1.0》,清华大学新闻传播学院,沈阳教授团队。
2 2020 年上半年中国远程办公用户规模达 1.99 亿,占网民整体的 21.2%,中商情报网,2020 年 10 月 4 日 9:56,2022 年 7 月 18 日 16:45。
3 《中国远程居家办公发展报告》,http://www.tynews.com.cn/system/2022/05/11/030451568.shtml,太原新闻网,2022 年 05 月 11 日 16:09,2022 年 7 月 12 日 11:30。

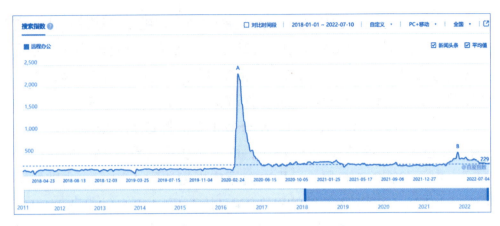

图 1-7 "远程办公"百度指数 - 搜索指数[1]

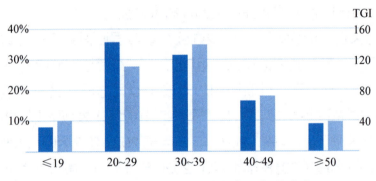

图 1-8 "远程办公"百度指数 - 年龄分布

那么，从企业层面来说，如极狐（GitLab）在成立之初，就确定了"全员远程办公 + 重点城市设立 Demo Center"远程办公模式，致力解决更多的企业远程办公和跨境协同管理问题。其 200 余名员工分布在全国 20 余个城市，仅在北京、武汉、上海三地设立了 Demo Center，作为举办线下活动及日常交流场地。而保持其实现高工效的"法宝"

---

1　百度指数：关键词"远程办公"，时间跨度 2018 年 1 月 1 日—2022 年 7 月 1 日，查询时间 2022 年 7 月 12 日 10:54。

则是极狐手册——涵盖企业价值观、内部沟通指南、开发流程、写作风格指南等方方面面的内容，提倡以异步文档的形式，帮助团队成员强化协作，把原本处于不同地域，甚至不同时区的团队伙伴串联在一起，进而实现工作效率的提升。

在此基础上，手册按照各职能部门的不同，划分不同单元，以文档形式，明确各岗位职责所在，有效助力企业实现扁平化管理，缩减了审批流程。此外，该手册还可以尽可能多地开放工作流程、团队知识、实践经验及协作方式，帮助新入职、新调岗的伙伴快速熟悉工作内容及工作进度，而非通过同事沟通或介绍获取相关信息，减少彼此之间的磨合周期。如仅通过登录网址浏览手册，便可让应聘者直观了解极狐，实现对人才招聘的有效导流。据极狐相关工作人员透露，当前有 10%~15% 的员工在面试前曾通过极狐手册了解企业文化及现状，其中还包括部分高层管理人员[1]。

### 1.2.3　求职者对在线办公的现实需求

求职者对在线办公的现实需求，均立足于办公结果。以在线办公为落脚点，可以看到求职者通过此种办公模式可极大获利，此种"红利"具体表现在 5 方面，如图 1-9 所示。

一来可通过该种办公模式实现工作、生活的平衡。在线办公使得工作地点和时间更加灵活，员工可以选择在合适的时间和地点进行工作。这种灵活性使员工能够更好地平衡工作和生活需求，提高生活质量。如前所述，在笔者管理下的这支逾百人的在线团队中，在这五年间，

---

1　极狐 Handbook：一场关于协同工作与知识共享的伟大实践，http://zjnews.china.com.cn/yuanchuan/2023-02-02/366140.html，浪潮新闻，2023 年 2 年 2 日 11:55，2023 年 4 月 11 日 20：39.

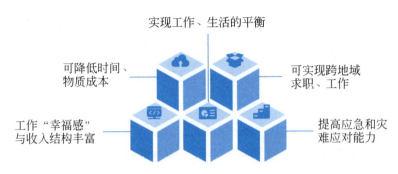

图 1-9　在线办公于求职者的"红利"

全职妈妈一直是主动要求在线办公的一类人群,毕竟对于这样一群既处于工作年龄段而又不得不自己带孩子、接送孩子上下学甚至照顾老人的女性,能有一份兼顾家庭的在线工作,尽管会让自己更累,但带来的"好处"也非常显著,诸如自信心提升、个人成长乃至自我实现、保持与社会的连接和与爱人共同进步等,因此,从我们的实际运行中看到,诸如此类弹性、灵活就业人群更倾向在线公办模式。

除全职妈妈这类灵活就业人群外,还包括如因身体或心理等因素而不方便或者不愿意在线下集中办公这类人群。在我们团队中也不乏身体存在一定残障的小伙伴,几年间他们通过个人努力,在团队中日渐从一个普通员工成长为项目经理乃至储备主管,远程在线办公让他们不需要经历上下班通勤,在得到家人更好照顾的同时,也收获了一份稳定的经济收入,更重要的是保持了自身的成长和职业活力。此外,也有一些员工表示因为在心理上存在社交恐惧等原因,所以倾向选择居家办公。

二来可实现跨地域求职、工作。如前述案例 GitHub 所示,在线办公打破了地域限制,使得跨地域的协作成为可能。公司也可以建立全球化的团队,吸引全球范围内的人才,促进不同地区的人员合作和知识共享,加强创新和竞争力。当然,也正是此种"地域限制",才使得求职人员需要通过在线办公找到更匹配个人职业规划的工作。结合我们团队的实际情况而言，具体包括两种情况：一是从求职者身份出发，往往因为专业不匹配、个人兴趣或薪资不匹配等现实原因，使得其一度无法在当下生活着的城市或区县乃至乡镇农村找到心仪的工作机会；二是从招聘者角色出发，即一旦全面开启线上办公模式后，人力资源人员便可面向全国乃至全球招募双方匹配度更高的人员，于是便在一定程度上突破了区域人才瓶颈。

三来可降低时间、物质成本，切实提高效率。在线办公减少了办公场地和设备的成本，同时也减少了员工的通勤时间和费用。通过使用在线协作工具，团队成员可以更快速、高效地进行沟通和协作，提高工作效率。

四来可提升工作"幸福感"。提供在线办公的机会可以增加员工的满意度和忠诚度。员工也可以更自主地管理自己的工作，并在更舒适的环境中工作。这也有助于企业吸引和留住人才，一定程度提高求职人员的工作"幸福感"的同时，也可丰富求职者的收入构成。诸如求职人员原本有一份本职工作，或潜在求职人员有意愿提前完成职业体验等，以上因素使得该类求职人员的工作心理往往偏向找一份可过渡的兼职工作。那么，就该类人员来说，结合我们的经验，建议求职方和供职方保持公开、坦诚的交流，以便双方未来在日常工作中保持同等期望，具体在人员流动率、职业发展规划、工作业绩要求等方面保持特殊考虑。那么，在五年的实践中，令人欣喜的是出于该因素使然的小伙伴，往往可通过一段时间的工作实践，扭转其固有想法，从而全身心投入岗位工作中，并且随着时间的推移，收获更多的个人成长和工作成效。

五来可提高应急和灾难应对能力。在线办公为企业提供了应对突发事件和灾难的能力。当面对自然灾害、公共卫生事件或其他紧急情况时，员工可以迅速转为远程工作模式，保持业务的连续性和生产力。这一点在笔者所管理的在线团队运行中得到充分展现。无论是在 2020 年年初的新冠疫情暴发期间，还是在接下来的两年里出现的"间歇式"暴发期间，我们的团队基于在线办公，成功地保持了工作的连续性。这种稳定的工作模式让企业能够应对各种挑战，保持高效的工作表现。

### 1.2.4 在线办公对求职者的职业要求

如图 1-10 所示，求职者对在线办公有现实需求的同时，在线办公对此类求职人员也提出了相应的职业要求，即只有当求职者满足此类"要求"时，他们方可在此种办公模式中长久立足并获得持久发展。

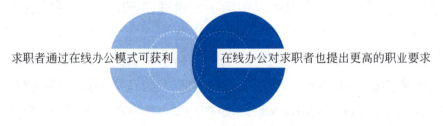

图 1-10 在线办公与求职者

**职业技能和能力要求**，即在线办公要求求职者需熟练使用在线协作工具、熟悉虚拟沟通和协调等，通常，求职者可以通过学习和培训提升这些技能，增加自己的竞争力。其中在线协作工具等将在 1.3 节予以概述。此外，提供劳务一方如公司、机构等也需要主动制定此类职业技能和能力的岗前、岗中培训课程，并以常态化方式面向求职者持续提供培训机会。那么，针对新兴技术的应用而言，在线办公特别提出**技术适应能力要求，关键在于新技术的拥抱与应用，**且该要求适用于劳务供给方和求职方，包括其二者能否敏锐察觉新技术的爆发，并积极将新技术应用于本职工作，继而在对在线协作工具等迭代换新的基础上获得更高的劳动效率。该要求考查的也是求职者是否具备适应快速变化工作环境的能力。对此，以 2023 年第一季度大模型的爆发式发展——AIGC[1]（见图 1-11）广泛应用为例。

| 工业 | 医疗 | 金融 | 教育 | 电商 | 传媒 | 影视 | 娱乐 | 游戏 |
|---|---|---|---|---|---|---|---|---|
| 设计优化 | 药物发现 | 数字员工 | 课程生成 | 商品展示 | 新闻采集 | 剧本创作 | 全民娱乐 | 游戏研发 |
| ·汽车算法设计<br>·建筑设计AI优化<br>·方案快速修改<br>·产品仿真 | ·蛋白质结构预测<br>·药物分子发现 | ·AI客服<br>·AI投资顾问<br>·AI财务<br>·数字营业厅 | ·教材编写<br>·课程提纲生成<br>·视频课生成<br>·虚拟教师<br>·课件、笔记生成 | ·3D模型生成<br>·智能商品详情<br>·虚拟试穿试戴<br>·营销内容生成 | ·采访音频识别<br>·海量资料抓取分析<br>·素材同步自动处理<br>·交互式直播 | ·AI剧本写作<br>·大纲和脚本生成<br>·生成分镜绘画<br>·生成制片安排 | ·人脸美妆<br>·人像属性变换<br>·更换背景<br>·人像抠图<br>·医美人脸检测<br>·人体检测和美型 | ·原画设计及生成<br>·场景、剧情生成<br>·角色模型<br>·游戏平衡性测试 |
| 3D模型 | 诊断治疗 | 投资管理 | 智能助教 | 主播打造 | 新闻编辑 | 视频拍摄 | 偶像养成 | 玩法创新 |
| ·工业部件无模具实时成型<br>·建筑模型生成<br>·2D图纸/图像/PPT/Excel等转3D模型 | ·辅助诊断<br>·病例报告生成<br>·合成肢体投影<br>·手术机器人<br>·影像读片<br>·治疗方案生成 | ·市场数据分析<br>·投资组合决策<br>·个人财务数据分析和信用评分 | ·智能答疑<br>·作业、试卷批改<br>·智能测评<br>·进度跟踪及反馈<br>·学习方案定制<br>·精准复习 | ·虚拟主播<br>·虚拟背景和换装 | ·写稿机器人<br>·快速剪辑集成制作<br>·字幕生成<br>·画质自动修复、清除杂物<br>·快速横屏转竖屏 | ·高难度动作合成<br>·复活已故演员<br>·合成物理场景<br>·文本、图片转视频<br>·音效合成 | ·虚拟歌姬、博主<br>·现实明星虚拟分身<br>·已故明星再现<br>·虚拟动漫同人<br>·元宇宙虚拟演出 | ·个性化定制关卡<br>·NPC交互<br>·AI玩家教学<br>·AI队友<br>·玩家托管 |
| 制造检测 | 关怀陪伴 | 风险管理 | 口语老师 | 交易场景 | 新闻播报 | 后期制作 | 社交互动 | 催生品类 |
| ·智能安防<br>·工业质检<br>·AI生成与人机协作生成<br>·智能物流 | ·AI陪护<br>·交互式心理咨询<br>·个性健康方案规划 | ·检测欺诈<br>·风险报告生成 | ·口语对练<br>·口语测评 | ·虚拟商城<br>·虚拟客服<br>·智能推荐<br>·品牌营销决策 | ·AI新闻主播<br>·AI晚会主持 | ·影像修复<br>·风格转换<br>·AI生成预告片<br>·AI换脸、修改年龄、换装、改变表情等 | ·C端用户数字分身<br>·交互式旅游导览<br>·定制化AI伴侣 | ·实时内容生成类<br>·辅助玩家自行开发<br>·玩家自定义音乐 |

图 1-11　AIGC 行业应用

大模型（Large Model）是指具有数百万或数十亿个参数的深度神经网络模型。当前，OpenAI 公司开发的系列 GPT 是一个自主根据数据学习的机器学习系统。在对大量文本数据集进行训练后，它能生成复杂且看似智能的文字。它不仅可以快速理解用户的信息需求，提供相关的搜索结果，还可以根据用户的反馈进行动态调整和优化。此外，由于其输出是自然语义文本等拟人化结果，给予了人类通用知识及简单推理能力，而且还跨越语种束缚等，因此其输出熵值更低，且对用

---

[1] AIGC：AI Generated Content，泛指人工智能生成内容，包括但不限于文本、图片、音视频等内容。

户沟通协同能力的辅助更高效。这一切"优点"使得 ChatGPT 特别是 GPT-4 一经问世，便瞬时吸引了全球范围内的数亿人纷纷试用。据 Similar Web 数据，ChatGPT 所属公司 OpenAI 网站访问量快速攀升，已跻身全球 TOP50。

紧随其后，国内大模型争相推出，如清华大学计算机科学与技术系相关成果 ChatGLM-6B 是一个开源的、支持中英双语问答的对话语言模型；MOSS 则是由复旦大学自然语言处理实验室发布的大模型；中国科学院自动化研究所发布的"紫东太初"则是一个多模态大模型；百度公司发布了"文心千帆"大模型平台，包括文心一言及全套文心大模型和相应的开发工具等。

在此类大模型的支持下，多个行业的工作效率和效能得到进一步提升。如编程 GPT，可根据自然语言快速生成代码，特别如 GPT-4 生成代码的可读性更强，作为助手提升开发效率；同时还具备代码重构和纠错能力，GPT-4 给出详细的配置缓存步骤，能考虑更多任务中的细节，并更适配具体的场景。从《AIGC 发展研究报告》[1] 中看到，AIGC 广泛应用于工业、医疗、金融、教育、电商、传媒、影视、娱乐、游戏等各行各业。其中以传媒为例，AIGC 可用于"新闻采集"，如采访音频识别、海量资料抓取分析、素材同步自动处理、交互式直播；可用于"新闻编辑"，如有专门的写稿机器人、快速剪辑集成制作、字幕生成、画质自动修复、除抖、清除杂物及快速横屏转竖屏；还可用于"新闻播报"，包括 AI 虚拟新闻主播及晚会主持等。

针对此类新兴技术的爆发，则要求劳务供给方和求职者双方正视并迅速接纳新鲜事物，积极拥抱新技术的同时，并不失以 KPI 量化等

---

1 《AIGC 发展研究报告》：哪些职业将被替代，AI 会接管人类社会吗？https://baijiahao.baidu.com/s?id=1766513591279389314&wfr=spider&for=pc，中新经纬，2023 年 5 月 23 日 18:15，2023 年 5 月 31 日 11:51。

极端方式加速相应软件的试用与应用，才能迅速找到新技术与本职工作的结合点，进一步降低成本、提升效率。在线办公的职业要求如图1-12所示。

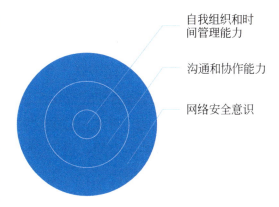

图1-12 在线办公的职业要求

**自我组织和时间管理能力**。在线办公需要求职者具备良好的自我组织和时间管理能力，首先强调的是工作过程的自组织，狭隘意义上既有工作饱和度问题，也有工作环节设置的科学性问题，因此要求求职人员能够自我激励、设定目标、制订计划，且独立完成各任务。其次，在线办公强调工作成果和绩效，即在远程工作环境下达成工作目标并取得良好成果。那么，对于组织而言，对于求职者的自组织、自驱动和自管理，同样需要从劳动过程和劳动结果两个方面予以跟进。其间还有**沟通和协作能力**。特别是在线办公中，有效的沟通和协作是至关重要的，既包括书面和口头沟通能力，也包括在虚拟团队中进行协作和解决问题的能力。关于如上能力要求内容，将在本书后续章节中以笔者管理的在线团队为例，重点阐述企业管理中此类问题的具体表现和解决方法。因为在笔者管理的在线团队的五年运行中，此类职业要求得到了充分实践。

**网络安全意识**也是在线办公职业要求的重点。特别是在当前环境下，保护数据和网络安全至关重要。求职者应具备网络安全意识，了解常见的网络安全威胁和预防措施，并能够遵守公司乃至国家的安全政策和规定。如在2021年6月10日第十三届全国人民代表大会常务委员会第二十九次会议通过的《中华人民共和国安全生产法》中，围绕总则、数据安全与发展、数据安全制度、数据安全保护义务、政务数据安全与开放、法律责任、附则七方面展开。将"数据"定义为所有对信息进行记录的载体。非电子形式,将常见的纸质登记表格等形式也纳入数据安全管理范畴,填补了已有立法无法有效规制纯线下、不借助网络开展数据活动的立法空白。此外,从"数据活动"的定义看,采取了列举+兜底的方式,数据全生命周期的相关活动如收集、存储、加工、使用、提供、交易、公开等基本纳入数据活动的范畴。就"数据安全"来说,则提出了行为要求和效果要求。对于行为要求,这里的"必要措施"一般包括技术措施、管理措施等;对于效果要求,本条强化了安全的持续性,与网络安全相类似[1]。

近年来,伴随互联网的快速发展,企业数字化转型进程加速。与此同时,数据泄露等数据安全事件频发,不仅给企业带来严重的经济损失,而且带来严峻的数据安全管理考验。据 Verizon《2022 年数据泄露调查报告》显示,2022 年数据泄露事件中 82% 的违规行为涉及人为因素,勒索软件泄露事件增加了 13%,超过过去五年的总和,数据安全已变成关乎国家安全与社会经济快速发展的重大问题。企业数据泄露事件通常可分为有意泄露和无意为之两类:前者如黑客攻击、病毒勒索,员工为谋取个人利益而有泄露、窃取数据等行为。具体第三方通过网络钓鱼的方式访问了国外某公司一名员工的硬盘驱动器和某些共享驱动器,从而不正当地获取了公司的数据;再如某公司遭黑客威胁,1TB 机密文件遭窃,7 万名员工信息泄露;也有个别员工因不满公司而故意泄露原公司相关数据资料。后者包括如因企业内部员工的粗心大意,企业内部不健全的数据管理方式导致数据外泄的行为。如某公司员工因邮件或网络误操作、误发送等数据的误用而导致泄密。

---

[1] 两万字 | 逐条解读《中华人民共和国安全生产法(草案)》,https://zhuanlan.zhihu.com/p/342771821,知乎 @ 宋海新,2021 年 1 月 8 日 11:41,2023 年 5 月 31 日 14:42。

## 1.3 在线办公的工具与技术

### 1.3.1 在线办公的工具与技术概况

在线办公的发展离不开信息技术和互联网的飞速进步。20 世纪 90 年代以来，互联网的普及和个人计算机、智能手机等设备的普及使得在线办公成为可能。此外，网络带宽的提高、云计算技术的发展和各类在线办公软件的出现，也为在线办公提供了丰富的技术支持。

除前述互联网基础设施对在线办公的支持外，经我们在线办公团队的实践发现，无论是管理人员还是具体业务人员，其可使用的在线办公辅助软件在数量上、种类上均有了突破性增长，且在实用性和针对性等功能质量上也有突出提高。特别在 2020 年疫情以来，我们看到国内部分在线办公企业对公众开放的很多产品，如腾讯的腾讯会议、腾讯文档、企业微信，阿里巴巴的钉钉、阿里云，华为的华为云，字节跳动的飞书及金山办公的 WPS、云办公等。

综合来看，各类工具与软件可支持在线办公的具体方面包括虚拟会议与沟通，让虚拟会议更具仪式感，同时也大大提升了开会的效率和效果，减少了出差和实地会议的成本，1.3.2 节将重点围绕该类软件和工具的使用实践详细展开介绍；项目管理与协同，帮助团队更好地分配任务、跟踪进度和协调资源，使得项目管理变得更加高效，降低了因为缺乏组织和沟通导致的生产力损失；文件共享与云存储工具，文档编辑与协作工具，如 Google Workspace、Microsoft Office 365、飞书等在线办公软件，允许团队成员共同编辑文档、演示文稿和电子表格，实时进行沟通和协作；时间管理与任务跟踪工具等。

特别是进入 2022 年以来，伴随企业端即时通信市场日渐成熟，市场对企业端即时通信的认可程度也稳步提升[1]。一是在产品方面，企业即时通信持续拓展功能，业已形成业务闭环。以钉钉、飞书为代表的企业即时通信产品目前均已将办公协作和组织管理作为两大主要服务模块。根据调研机构QuestMobile的数据，2022年9月，钉钉月活用户数为2.2亿，企业微信为1.1亿，飞书为840万。2022年5月，抖音集团发布飞书People系列产品，包括飞书人事、飞书OKR、飞书招聘、飞书绩效等产品。集成招聘、绩效和OKR等多款人事管理产品，以"人才"为业务流程核心，实现了简历投递、招聘、评价、激励、培养的全周期管理。该系列产品目前服务范围广，涉及互联网、文娱传媒、制造业等领域。另外，就钉钉产品发展而言，截至2022年9月30日，钉钉用户数破6亿，企业组织数超过2300万，付费DAU突破1500万。且在近一年中，用户在钉钉上发起了3.68亿场音视频会议[2]。

二是在任务需求方面，企业即时通信对大型机构的渗透水平进一步提升。腾讯在2022年第三季度财务报告中表示，已经支持任务需求方在私有云上集成和部署腾讯的公有云产品，从而满足了银行、政务等行业对安全与合规方面的需求。钉钉也在9月对外阐释大任务需求方战略，并在年底宣布其上百万人以上的企业组织超过30家，10万人以上的企业组织超过600家，2000人以上的企业组织贡献了近三分之一的活跃度。

## 1.3.2 在线办公工具与技术应用实践

在线会议在在线办公中扮演着至关重要的角色。它是实现远程沟

---

[1] 2022年我国即时通信用户规模达10.38亿，占网民整体97.2%, http://wap.seccw.com/Document/detail/id/19280.html，深圳市电子商会，2023年3月23日，2023年4月21日，14:34.
[2] 用户破6亿之后，钉钉总裁叶军称三五年内一定会盈利，https://www.jiemian.com/article/8692475.html，界面新闻，2023年1月5日12:48，2023年4月21日09:56.

通、协作和决策的关键工具，为团队成员提供了与他人进行"面对面"交流的机会。具体在实践中，通过视频会议，团队成员可以直接交流和分享想法，减少误解和沟通障碍，提高信息传递的准确性和效果。此外，在线会议还可以促进团队的凝聚力和合作精神，增强团队成员之间的互动和联系。在线办公模式下，团队成员可以通过在线会议与远程的同事、合作伙伴和任务需求方实时进行沟通，这消除了时空的限制，使得跨地域的合作成为现实。此外，在线会议还支持重要决策的制定和执行。团队成员可以通过在线会议共同讨论问题、制订计划和解决方案。在线会议工具提供了分享屏幕、展示演示文稿和共同编辑文档的功能，有助于团队成员在会议中共同思考和合作。近些年来，随着在线会议技术的不断创新和发展，以及相关软件的兴起与迭代，在线会议势必将继续发挥重要作用，为在线办公提供更加高效和便捷的工作方式。

2020年第一季度前，团队大多使用微信、QQ等即时通信软件，即通过群内语音等方式完成在线会议。然而，因为该类软件并非为在线会议而开发，且其基因更多是满足社交需求，因此其在产品设计时并没有为在线会议设计针对性功能、界面等。与此形成鲜明对比的是，2020年第一季度，在新冠疫情出现背景下，应用市场端纷纷出现如Zoom、腾讯会议、钉钉等多个专门为解决在线会议痛点场景而诞生的软件产品，它们在具体功能、界面设计等方面完全迎合了"办公"的需求。

回想2020年上半年移动App应用发展等相关数据，同年3月，企业应用App超过短视频应用App，一度成为用户规模增长较多的应用之一，其行业用户规模同比增加2.40亿，同时办公软件的渗透率达到41.8%[1]。时隔一年后，2021年6月中国在线办公用户规模突破3.8亿，

---

[1] 2020年Q1移动互联网行业报告：办公软件行业渗透率达41.8%，新浪VR，2020-6-28，2022-7-18。

且在线办公的使用率较 2020 年 6 月上涨 18.5%，达到 37.7%，其中 Zoom、腾讯会议、钉钉的用户在线会议使用日均时长达到 36 分钟；此外，在线文档编辑的使用率同样获得了持续发展[1]。

以"腾讯会议"为例，在 2020 年第一季度上线初期，便免费支持多人（300 人）同时在线开启音、视频会议，且以流畅不卡顿、操作难度低、登录方式无门槛等作为产品功能点，此外，如"会议号"的申请、预约、分享和加密等，也让"会议"的仪式感和正式感十足。后期，伴随该产品的不断迭代升级，越来越贴合会议组织者和参与者的需求，其在美化功能、共享功能、管理功能等方面也得到了精进。其中以美化功能为例，该功能要解决的产品痛点则是居家办公人员或存在"不修边幅"等情况，也是为了使得与会人员在即时性、临时性视频会议中仍能以"更好"的状态和面貌参加会议，于是便开发了诸如美颜、滤镜和头饰等多个细分选项，具体美颜有 23 个选择，滤镜达 18 个选择，而头饰则多达 33 个选择。此外，背景虚化、视频降噪等选项也为与会者提供了便捷，同样均源自与会者的现实痛点。管理功能，如对会议主持人、联席主持人等会议组织人员、管理人员和普通与会人员身份及权限的区隔，使得会议流畅进行、会议秩序维持等不再通过"自觉"完成。此外，随着该类软件的升级迭代，截至目前则涵盖了更多诸如会议签到、会议云录制（分享）、会议投票、会议中评论聊天、会议示意举手、文档分享等多个场景精细化解决方案。

除在线会议辅助软件外，日常使用的办公软件也在 2020 年第一季度有了质的飞跃，同样表现在此类软件的数量、功能和用户使用率等多个方面。下面结合我们的实践经验，重点介绍"飞书""企业微信""钉钉"等办公软件的特色功能和产品优势。

---

[1] 2021 年中国在线办公行业市场现状及发展趋势分析，新技术将推动企业用户增长，搜狐网，2022-3-13，2022-7-18。

笔者团队就"飞书"(见图 1-13)的使用心得总结如下。

图 1-13 "飞书"的特色功能实践

(1)在线协作:面对在线办公的"井喷"需求,飞书"云办公室"方便团队之间合作沟通,可以随时看到项目的最新进展。在协同板块,通过编写者可以方便看出各自负责的内容,有利于提升办公效率。

(2)实时记录:飞书云文档可自动保留每个参与人的编辑记录,一方面方便查看历史版本,可帮助新人快速找到"要领";另一方面可溯源,保留跟进全流程的编写、修改与跟进,从而方便在最终复盘中责任到人。

(3)功能丰富:飞书提供包括文档、表格、思维导图在内等多种形式的在线文档,同时文档内支持以高亮块、颜色、分割线等对重点内容进行标记,引用及参考链接也能便捷地插入,以备信息核实之需。

(4)视频会议:利用飞书的视频会议功能开展培训,能够录制,方便观看回放课程。形式类似网课,能共享对应的飞书文档,并进行实时的文档内容编辑与演示。

(5)日程管理:在飞书中,用户可以将各类会议、讨论生成为"日程",邀请对应成员加入,并在开始前发出提醒。

（6）设备支持：单个飞书视频会议最多支持1000人稳定接入，通过手机或计算机随时随地发起或加入会议；无须通过飞书任务需求方端，也可快速在浏览器中参加会议。

（7）群信息管理：当飞书账号接收到消息时，用户可以在弹窗中看到消息内容，不像其他聊天软件需要打开后才可以看到具体的消息内容。还支持从"最后已读"的群聊消息开始读，无须在海量信息中"打捞"。

笔者团队就"企业微信"与"钉钉"功能对比，使用心得总结如下。

### 一、基础功能对比

企业常用功能：考勤打卡、即时通信、群聊、公告、语音/视频会议、审批、消息阅读状态显示、组织架构、文档协同、与自己企业邮箱平台的整合等办公必备的基础功能，钉钉和企业微信并无大的区别，均可满足日常办公的需要。两者也都是朝着不断提升用户体验的方向持续改进迭代。就PC端及App端的易用性及用户体验而言，二者也不分伯仲。基础功能测试对比见表1-1。

表1-1 "企业微信"与"钉钉"功能对比[1]

| 功能对比 | 钉钉 | 企业微信 |
|---|---|---|
| 富文本即时通信 | √ | √ |
| 便捷的文件发送/传输 | √ | √ |
| 发送视频 | √ | √ |
| @消息 | √ | √ |
| 单人语音/视频聊天 | √ | √ |
| 多人语音聊天 | √ | √ |
| 消息阅读状态显示 | √ | √ |
| 消息置顶 | √ | √ |

---

1 功能体验与对比截止日期为2022年。

续表

| 功能对比 | 钉钉 | 企业微信 |
|---|---|---|
| 消息撤回 | 24小时内可以撤回 | 微信联系人的单聊信息、含有微信任务需求方的群聊信息，只支持撤回2分钟内发出的消息；企业微信用户的单聊及群聊信息，在消息发出去的24小时内都可以撤回 |
| 消息强提醒 | 短信或电话提醒DING | × |
| 聊天记录导出 | × | 在聊天界面可选择导出的内容 |
| @人已读 | √ | √ |
| 考勤打卡 | √ | √ |
| 会议 | 即时发起 | 可预约，可即时发起 |
| 直播 | 随时回放，可下载 | 随时回放，不可下载 |
| 审批 | √ | √ |
| 共享文档 | √ | √ |
| 邮箱 | √ | √ |
| 投票 | √ | √ |
| 公告 | √ | √ |
| 钉一下 | √ | × |
| 工资条 | √ | × |
| 云盘 | 钉盘 | 微盘 |
| 工作汇报 | 日报、周报、月报 | 日报、周报、月报、销售业绩、营业报告、拜访记录、汇报 |
| 企业邮箱整合 | 阿里云邮 | 腾讯企业邮箱 |
| 论坛 | 圈子 | 同事吧 |
| 付款 | × | √ |

## 二、企业微信的亮点功能

企业微信的一些"细节"设计让该产品具备以下7方面的亮点。

（1）有效解决在线社交中的信任问题，让在线交流更高效。企业微信个人用户都带着公司简称的"小尾巴"，即紧随个人账号名称之后，会@显示企业的名称。此外，还可以在后台设置对外展示的具体内容，如职务、手机号等。这一产品设计一方面让员工个体的对外沟通更具仪式感和正式感，从而有效解决了社交中的信任问题，继而让在线沟通更加坦诚、高效；另一方面也有助于员工个体获得强烈的集体归属感。

（2）避免因员工的入/离职而影响任务需求方服务的稳定性。使用企业微信作为对外服务任务需求方的窗口，一旦员工发生离职等变动时，企业微信管理员则可通过离职继承、在职继承等功能重新分配后续员工继续完成后续对接服务，从而避免因内部人员流动影响任务需求方服务感知的情况发生。

（3）让任务需求方沟通群的运营更便捷。企业微信中的"任务需求方群"最大优势是能帮助企业增强与任务需求方之间的黏性，让企业员工和任务需求方沟通的效率大幅提高。截至目前，企业微信任务需求方群提供群欢迎语、自动回复、群发、自动移除群聊、群成员去重、设置群管理员、禁止修改群名等功能，让基于企业微信的社群运营更便捷。

（4）企业微信不仅便于对内在线管理，更有助于形成企业对内、对外一体化生态。根据我们的使用经验得出，如果将企业微信定位于公司内部的沟通工具，那么它的使用场景和价值则会小得多；只有将企业微信延伸到对外连接沟通的工具时，它才会产生更大的价值。对此，坊间说钉钉侧重管理，企业微信侧重沟通，但是经过我们的实践测试，认为更正确的说法应是：钉钉侧重管理，但企业微信不仅做到了管理功能的完善，同时具有内部管理＋外部沟通的生态便利优势。

（5）企业微信后台数据统计功能使得内外部管理的数据化程度更

高。该功能支持所有数据的实时统计，如针对群聊类的统计数据，包括群聊数、新增群聊数、有过消息群聊数等；针对群员的统计数据，如群人员总数、新增群成员、发过消息的群成员等；此外，还有针对群聊消息的数据等。数据统计中还包括了任务需求方维护情况等相关数据，如"联系任务需求方统计"可统计添加好友的申请数、新增任务需求方数、与任务需求方聊天的总数、发送消息数、已回复聊天占比、平均首次回复、任务需求方流失数等。

（6）群发功能的精细化、多场景设计，让群发的效果得到更大保障，如支持群发消息给目标任务需求方，由企业管理员统一选择目标发送任务需求方，继而由添加对应任务需求方的成员确认后即可将信息发送给任务需求方，且消息内容仅可由管理员创建，这一设定使得信息内容的质量得到有效保障。再如，支持群发消息到企业的各类目标任务需求方群，同样由管理员或负责人统一创建内容，群主收到通知后，可选择他管理的任务需求方群，从而完成群发。

（7）企业微信清楚划分了工作微信和生活微信的边界，真正实现了工作、生活两不误。以我们的经验看，员工个体在项目实际生产执行中往往需要加入大量微信群，且因为员工职位、角色的不同，加入微信群的目的和职责也不尽相同，由此使得生活微信的消息与工作微信的消息容易交织在一起，不仅混乱、易错，而且影响了工作效率和生活质量。对此，企业微信可完美地分离工作微信和生活微信的信息，用企业微信添加任务需求方的微信，也可以像普通微信好友一样聊天沟通，不与生活微信信息互相干扰，做到鱼和熊掌兼得。

### 三、钉钉的使用体验

相对企业微信的生态优势，钉钉更有助于内部管理，简单概括即钉钉以管理者为中心，搭建一个较强的管理体系，以各类管理场景为核心，各项功能体现出"大而全"，管理上常用的功能，在钉钉上基本都能找到。在笔者团队的日常运营中，经常使用的功能如下。

① 企业通讯录功能，支持一键创建后企业内全员共享，即不需要再在手机通讯录中一一存入同事通讯录，也可随时以语音通话、视频通话、普通通话（电话）等多种方式联系他人。

② DING 功能是钉钉具有的核心功能之一，使得消息 100% 到达，即重要的事情可以应用电话、短信等"变着花样"的方式 DING 到目标对象。

③ "已读/未读"等功能，则确保了管理的上通下达。

④ 企业群建立功能，其中群水印则确保了群聊信息更安全。

⑤ 钉钉文档、钉钉会议、钉钉项目功能，旨在提升协作效率。

⑥ 内容/文档更新的提醒功能，使文档在线编辑、在线协作更加便捷、高效。

⑦ 在企业工作应用层面，则囊括了审批、签到、日志、公告、钉邮、钉盘、管理日历、CRM、任务等多种工作应用。特别是阿里企业邮箱的用户，可以实现邮箱与钉钉的无缝衔接，将即时消息中的已读功能延续到邮箱邮件上，不仅能像收到钉钉信息一样，即时收到邮件提醒，同时还可查看所发邮件的已读情况。

钉钉还建立了自己的 PaaS 平台，以开放心态融合第三方垂直办公应用和服务，以满足不同 B 端用户的各类个性化需求。对上述在线办公软件更多功能的发现和应用，读者可在知乎、B 站、小红书、豆瓣等泛知识平台搜索学习，如在知乎"钉钉有些什么比较强大的功能"话题收录回答 172 个，获得 21.8 万浏览，而在小红书也有"钉钉在线课堂使用教程"等细分应用的培训视频。

第 2 章

# 企业在线办公的基础：组织架构建设

## 2.1 一种成熟的混合型企业在线组织架构

企业在线办公组织架构和线下办公组织架构在实质上、目的上是相似的，都用于管理和组织企业内部的工作流程和人员关系。从我们团队五年的实践来看，在线办公组织架构并非完全取代线下办公组织架构，而是在某些情况下的补充和延伸，即通过结合线上和线下双重工作模式，从而适应不同的突发状况、工作需求及员工偏好。对于整个企业而言，采用的是矩阵型组织架构模式，即结合了功能型和事业部制的一种混合形式。在现行组织架构中，员工同时属于一个职能部门和一个项目或产品团队，形成矩阵结构。该类型组织架构优点如下：一是有利于跨部门的协作；二是有利于多个项目的分而治之；三是有利于整个在线团队的灵活管理，充分促进信息流通和资源调动、协同。

那么，对于笔者所管理下的"清博研究院"这样一个部门来说，经过2018—2022年的实践、修正与再实践、再修正，业已构建了一套"线上+线下"的混合型组织架构。具体就其中的"线上"团队而言，即本节重点介绍的一种成熟可靠的混合型在线团队组织架构（见图2-1）。其第一层组织架构设计遵循了功能型设计逻辑，即以职业能力、专业素养为依据，设置了相对独立的组织单位，分别被命名为内核层、外核层和次外核层。这3个独立存在的组织单位，均有其各自的职责和权责范围，工作内容和要求同样相对独立。第二层组织架构则基于项目部制逻辑，即在上一层不同单位的内部，根据不同的任务要求和服务内容划分为不同的"小组"，每个"小组"相当于一个独立的小团体，拥有自己的业务目标、业务要求和劳动资源。本章重点介绍组织架构的第一层设计模式，第二层组织架构将在第4章和第5章中展开介绍。

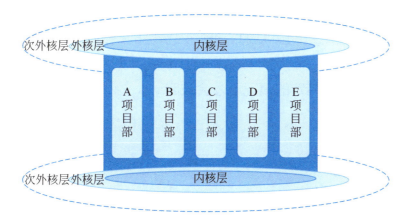

图 2-1　一种成熟可靠的混合型在线团队组织架构

之所以将该支在线团队混合型组织架构称为"成熟可靠"的模式，是因为该模式经住了实践的检验，即在我们的企业发展中，该组织架构模式均实现了管理的灵活性，促进生产力提高，拓宽企业人才招聘范围，提高竞争力，降低企业成本等，还克服了如前所述在线团队劣势中的员工自律与管理挑战加剧等弊端。正是在该组织架构的支持下，我们这支在线团队的规模从十几人发展至200人，年服务项目数量从几个拓展至几百个，且成本始终在可控范围内呈下降趋势。

## 2.1.1 组织架构第一层：太阳式组织架构

如图 2-1 所描述，作为混合型组织架构的第一层，由于该组织架构由内而外被区分为 3 个独立的单位，基本沉淀为如图 2-2 所示的"太阳式"组织架构，因此本章也将该组织架构称为"太阳式组织架构"。其中，内核层对应太阳的光球，是整个组织架构的核心所在。虽然该部分组织架构的人员数量是最少的，但对整个组织的贡献力却是最大的，其承担的工作职责最重，且面对的工作要求最高。外核层对应太阳的色球，其对组织的贡献力大抵是内核层的百分之一，通常也不为外界所知晓或关注。而次外核层则好比日冕，对整个组织是一种游离式的存在，只有在特定的情况下才会被启动。

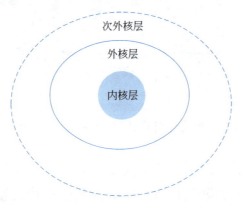

图 2-2 "太阳式"组织架构

**1. 内核层的岗位要求与权责**

内核层是"太阳式"组织架构中的专业队伍，其与组织的紧密性最高，通常需要通过劳动合同等具有法律效力的方式固化下来。更重要的是，该层人员往往需要在价值观层面与组织达成一致，继而愿意与组织共同成长、成就彼此。就分工而言，内核层人员需要从事团队中难度最大、时效性最强、交付质量要求最高的工作内容。综上，内核层作为整个团队的"热源"和"光源"，如果这一层搭建得不够夯实，则不建议开展外围两层的建设，否则容易遭遇结构性塌方。以我们团队为例，之所以耗费五年时间才逐渐形成这一"太阳式"组织架构模式，其中一个重要原因是"内核层"的搭建与夯实消耗了近四年的时间，而唯有内核层的稳定、稳固建立与发展，才使得该组织架构具备由内向外多层拓展的可能性。

### 2. 外核层的岗位要求与权责

外核层与组织间有一定的关联约束，紧密性较内核层偏弱，尽管价值观、情感等归属感几乎为零，但是对组织的认同感和向往感一定程度上不亚于内核层。该层人员与组织的关系往往仅通过口头协议或者约束性一般的文字协议所确定，且在专业性方面在三个层次中往往是最弱的，这使得对该层人员的管理成本主要体现在培训方面。尽管如此，笔者认为健康的在线团队是需要外核层的。

### 3. 次外核层的岗位要求与权责

次外核层人员较外核层人员，对组织的归属感、认同感、向心力均为零，且与组织的约束关系也为零，既不需要劳务合同、劳动合同等文件性约束，也不需要口头承诺与约束。尽管如此，次外核层人员往往因为其专业对口、行业经验及补位夜班或其他非正常工作时段等优势，使得这一层的存在与建设也变得极为必要。在我们团队中，一度以制度化方式鼓励内核层人员培养专属自己的次外核层队伍，经过几年的实践，我们建议：①需保持次外核层人员的高参与率，这是培养其与内核层人员彼此熟悉度、默契度的必经过程，也是提升其贡献率的前提；②在引入次外核层人员参与工作项目时，需详尽、明确、量化工作内容和完成标准，从而保证工作结果；③内核层需以制度的方式，就次外核层人员引入的触发条件、合作目的、成本等予以规范化、流程化。

## 2.1.2　太阳式组织架构的"编外军"

如前所示，外核层和次外核层人员以更加松散、机动的方式参与出现在整个团队的运行中，但是其参与后的作用力、效力和效能几乎可以忽略不计，甚至不少内核层人员将其存在视为累赘，常常抱怨在完成本职工作之余还需要花费更大精力培养和管理这些"编外人员"，而这样的培养和管理成本相比其贡献则大得多。

### 1. 内核溢出团队的出现

那么，伴随内核层人员规模的提高，且内核层的人才梯队足够完善，特别是中层及核心管理人员的管理经验日渐丰富且足够稳定时，团队则可以制度化的方式强制将外核层和次外核层的搭建提上日程，继而在一段时间内建立成熟的"内核溢出"型团队。这是一支对整个在线团队有价值、有帮助的"外核层"队伍，而其成功建设的核心要素则是在内核层中培养领导力超群的"领头羊"，从而由该内核人员和外核人员共同促成"内核溢出"。因此，该团队的出现也构成了整个太阳式组织架构的"编外军"（见图2-3）。

在此种"内核溢出"组织结构下，内核人员的角色是组织者与管理者，通常需要内核层中的管理层三级人员以上担任，继而由该人员在外核层中遴选、培养合适的人选，最终实现从0到1、从无到有地完成"内核溢出"团队的搭建。然而，由于外核层人员的组织性更差，所以往往需要匹配比实际需求大2倍甚至3倍数量的人员，才能更好地实现"内核溢出"团队的稳定、高质量运行。此外，由于外核层人

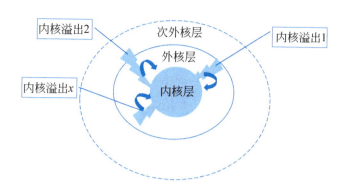

图 2-3 太阳式组织架构的"编外军"

员的专业能力尚停留在初级阶段,且流动性较高,所以该类型在线团队所负责的往往是众多任务中难度最低、时效和质量要求一般的工作项目。而外核层的其余人员则均为候补人员,即作为"内核溢出"团队的候补人员,按需进入。

## 2. 内核溢出团队的必要性

基于我们的实践结果来看,如此"内核溢出"团队的建立非常有必要,仅以我们团队其中一支"内核溢出"型团队为例,向各位读者展示其价值所在。经过两年的建设,该团队业已发展成为一支可持续发展、可有效输出且内外裨益的稳定业务团队,且其自组建运营以来,在高效节省人力成本的同时,也在业内外广泛树立了团队专业口碑,更重要的是为整个太阳式组织架构及行业储备了一支有能力、有规模、有实践的人才队伍。具体就该团队的组织架构、职责划分、运行机制等,团队主管李芸芸阐述如下。

"部门由数名来自内核层的人员及外核层的数名人员组成,其中内核层人员实行线下通勤上班制,外核层人员则采用'远程办公'形式,且在办公时间方面多为碎片分散状。以职能划分,内核层人员大多扮演管理角色,即需要其对所有项目完成全流程的掌握,包括需求的理解、交付物质量的'把关';而外核人员则是生产执行角色,仅需对其所生产执行的项目负有撰写、修改等责任,且仅在有限程度下对其所生产执行的项目质量负责。这种组织架构的优势在于可以以最少的内核层人力成本投入,带领外核层人员共同完成项目的生产执行工作,从而达到运营层面的增效降本。"

### 3. 内核溢出团队的建设关键

从"内核溢出"团队初创到成熟的全流程经验发现,此类"内核溢出"团队建设初期的质量可谓至关重要。在此期间,既需要解决人力资源问题,又需要解决体制机制问题,还需要解决如何保障各项工作稳定开展等问题,尤其需要解决的是该团队的灵魂角色——内核层人员的遴选,特别是团队"领头羊"的遴选等问题。如果说团队建设初期的质量把控是一个好的开头,即构成该团队从无到有的 50% 影响因素,那么内核层"领头羊"的选择与任命,则决定着该团队能否从无到有。

## 2.2 太阳式组织架构的管理难点

### 2.2.1 太阳式组织架构的 8 类通用问题

基于团队五年的实践经验来看,在该组织架构模式下设的四个独立组织中,内核层存在的常见问题分为"人"和"任务"两方面。其中,围绕"人"产生的管理问题包括"人"的遴选、录用、分级、绩效设定与过程监督等,围绕"任务"产生的问题则以图 2-1 中"项目"的理解、执行与交付闭环相关。对上述问题的具体研究,将在本书的第 4 章展开。而对于外核层和次外核层,以及内核溢出三类独立组织来说,由于其对组织的作用贡献不言而喻,因此其建设的科学性、成长的健康性在一定程度上影响着整个团队的稳定发展。结合我们的实践经验来看，在对外核层、次外核层、内核溢出的管理中，将面对以下8类难题[1]（见图2-4），而此类难题也构成了在线团队管理的通用问题。

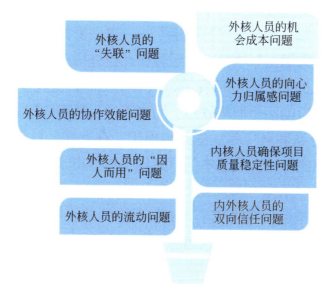

图2-4　"太阳式组织架构"管理的8类难题

1. 怎么解决外核人员的"失联"问题？

外核层人员的工作状态一般是线上办公、投入时间不固定、业务熟练度基本为0，且由于他们对团队的归属感、工作的责任感相对较弱，因此他们在进入团队初期时，"失联"则是管理需面对的首要"问题"和"难题"。

那么，从具体应对办法来说，首先建议内核层管理者需将所有外核人员的基本信息进行全面摸盘，包括但不限于每个外核人员的可支配时间、每日或每周可支配总时长、个人专长、学历、专业乃至沟通

---

[1] 该部分原始内容由李芸芸提供。

习惯等。如此详细梳理，一是方便在团队正式运行中，根据外核人员的个体情况，针对性匹配培训内容和工作任务；二是便于在团队日常管理中，能更快地明确个人角色分工和职业规划。

其次，想把责任落实到个人，最高效地解决"失联"问题的途径可谓粗暴且简单，那就是"打电话"——这一原始的联系方式。结合我们团队"内核溢出"小分队的经验，此类外核人员一度出现在工作任务交付截止时间临近的情况下，微信不回、钉钉找不到人的情况，最终均通过"打电话"取得联系，而其通常反馈至内核管理人员的回复则是"没看到消息"等。由此也得出，在此类团队建设管理的初期，上述介绍的外核人员基本信息建档工作显得十分必要。当然，无论是太阳式组织架构中哪一层个人基本信息的收集与建档，均要注意在保障团队正常运行需求和个人隐私保护的迫切性之间找到折中点，即与团队运行保障无关的个人信息，内核人员不可强制要求外核人员提供。

2. 怎么解决外核人员的"因人而用"问题？

如前所述，在内核溢出团队的实际运行中，为了更好地确保此类团队稳定运行和长久发展，往往需要引入比瞬时需求数量更多的外核人员，而该类人员在出勤时间、业务素养、经验能力等方面又不尽一致。因此，当此类人员的基础数量出现"野蛮"增长后，特别其数量值超越内核人员有效管理阈值范围后，又一个现实问题便出现了，即如何实现对这些人员的个性化启用和"因人而用"的常态管理？

结合我们的实践发现，如果对此类外核人员的管理过于"一视同仁"，则容易造成一盘散沙、人数虽多但无人可用的局面。基于此，我们团队便开发了一套"外核人员"分类分级指标模型，具体包括日常任务响应程度、态度负责程度、理解领悟能力、任务完成质量等几方面，将所有参与"内核溢出"团队的外核人员分为不同层级，继而在人员培养、工作分工、责任期望等方面予以差异化管理。

3. 如何提升外核人员的协作效能问题？

如前所述，外核人员在加入团队工作前，彼此不相识，即便加入团队后，也因为是松散的在线办公状态，彼此没有机会相识并熟悉。与此同时，由于此类"内核溢出"团队的内核管理人员与外核业务人员均呈"烟囱"式各自林立、独立封闭的状态，因此如何促成外核人员彼此间在同一任务下的"协作"，就成了内核管理人员面临的又一道难题。

在我们此类小分队的管理中，主管常通过结合外核人员的分层分级和任务工作的难易程度解决"协作"问题，即如前所述需要完成对已知信息（个人能力、时间、工作难易）的详细评估，从而根据外核人员的分层分级管理与工作内容进行匹配。具体在我们的实践中，此类外核人员的多人协作模式可划分为3种，从而保证各类协作效能最大化，具体有专人专项、多人专项和团队协作（见图2-5）。

图2-5 外核人员的3种协作模式

首先，专人专项即由一个外核人员独立负责一个工作任务，当内核管理人员在确认外核人员的可支配时间后，针对分配工作任务对其开展一对一业务培训，包括但不限于工作操作手册、任务要求及生产执行标准和预期成果，形式不局限于文字和视频等材料，并且单独建立××任务专属交流、生产执行群，群内通常还需包括内核管理人员、项目经理等角色。完成上述前期准备工作后，所有有关本工作任务的需求发布、交付审核及修改等均在此群内完成。需要明确的是，在该外核人员不可支配的时间段内，他无须在任务群待命，也无须参与其他与分配任务无关的工作。经实践检验，此类协同模式适用于一次性工作任务，即随着某一次任务的交付与完毕，双方合作关系也随之告一段落。

其次是多人专项模式，此类工作一般适用于周期性、反复性、连续性任务。在此类任务中，由于外核人员时间一般比较碎片化，因此难以长期独立负责，所以当面对此种情况时，多个外核人员共同负责一个工作就比较合理，当班人员只需对当班瞬时下的工作内容和任务负责，最终任务的整体质量把控则由内核管理人员或项目经理角色统筹负责。经过实际运行，发现此类工作中容易出现的问题则是外核人员临时请假问题，由此导致环环相扣的任务链条出现断裂。为此，在此类多人协作模式中，外核人员的配置规模需要适当留有一定的冗余，且在同一个协同任务内的各位外核人员需互为彼此的后备军和 Plan B，随时应对某一个人员提出的调班、换班等临时变动。如此"配合"既可以解决值班人员临时脱岗问题，又保持了任务生产执行的稳定性、连续性和可持续性。

最后是团队协作模式，这种模式一般适用于交付时间短、难度稍高、体量较大且突发性较强的工作。当"内核溢出"类团队面临此类任务时，我们的经验是内核管理人员需以最高效率方式，迅速组建一支"团队协作"机动队伍，当然，由于此类突发任务往往具有要求高、内容多、交付时间短等特点，因此并不会留有太多的培训时间和试错机会，所以在组建这类协作团队时，需要挑选外核人员中能力表现突出者，即前文所述分层分级中业务水平更优者，可以做到"一讲就明白"，从而任务完成度方面可达百分百的交付能力。

综上，专人专项、多人专项、团队协作这 3 种协同模式在一支"内核溢出"团队中并非独立存在，往往伴随任务的多样化而交错并行。这意味着，该团队中所有外核人员也并非单一、固定地隶属于某一种模式下，即一个外核人员既可能是一个专人专项项目的生产执行人，也可能参与到多人专项的项目中，还有可能完成团队协作的项目。由此也不难看出，如前所述，对于此类"内核外溢"型团队的建设，来自内核层的负责人是关键中的关键，一个足够优秀的负责人才可以在大量任务中实现灵活应变的排兵布阵。

4. 如何应对外核人员的流动问题？

虽说"铁打的营盘流水的兵"，但是在此类"内核外溢"型团队中，外核人员的流动性往往比想象中的还要大得多。在此类团队中，由于内核人员、外核人员彼此的合作关系具有短期性、阶段性、临时性、松散性等特点，所以一定程度上，外核人员一方面对团队、组织的归属感不强，对任务生产执行中和生产执行后所带来的"正反馈"几乎无感，另一方面对其"上级"和"平级"均不能形成追随感，所以此类人员流动性较大的情况必然存在，且需要明确的是，如此的流动性是客观规律。

对此，我们此类团队的主管之一李芸芸在回忆其在团队组建初期时的工作状态时指出，她不仅要在不断行进的任务接收与交付中找到应对外核人员流动、不稳定带来的诸多现实问题，更要培养过硬的心理素质，从而正视这些"来来往往"。经过我们团队两年的实践，最终发现"人海战术"不失为解决此类问题的"良药"，即确保永远有外核人员"在场"。

明确"你来我往"问题是"内核溢出"型团队所不可改变和逆转的客观现状后，需要内核管理人员从心理层面做好准备，即放弃外核人员会长期隶属团队等"一劳永逸"的幻想，从而招募更大基数的外核人员，实现储备外核人员数量大于目标外核人员数量的目标。

5. 如何降低外核人员的机会成本问题？

外核人员的高流动性带来的另外一个直接结果就是管理成本增加，特别是人员机会成本增加，具体既包含被选择外核人员加入团队后的培训时间成本、内核人员的管理投入成本、舍弃同期其他更优秀外核人员的成本和任务生产执行效能低下乃至任务反复试错等成本。日常工作中，经常有很多外核人员接触工作内容后，由于前期对这个行业、这个工作岗位职责没有正确认识，所以会发现实际工作与预想不符合，使得在生产执行一段时间后，会提出离开团队。每次换人意味着内核人员需要又一次重复培训，浪费大量的时间和精力。

对于这种人员的不稳定性，我们团队进一步将其细分为两种情况：一是外核人员的自然流失所带来的不稳定，一般这种情况下，该类外核人员由于对既有任务的熟悉度均较高，因此我们会选择在内核人员的协助下，由原外核人员与新进外核人员直接进行线上交接，从而将由其变动所带来的"管理成本"降到最低；二是外核人员的非自然流失所造成的不稳定，如一个任务在特殊情况下或面临频繁（一个月内一轮）人员替换，那么在此情况下，则需要内核人员投入如前所述的更多成本，如提前把此项任务的培训工作做到事无巨细，并确保在选定新外核替代人员后，双方对任务的生产执行要求、交付标准站在同一起跑线，且最终尽可能规避此轮不稳定所带来的潜在"风险"，如交付不达标导致需求方不满意从而带来的经济风险和声誉风险等。

6. 如何解决外核人员的向心力归属感问题？

基于外核人员的构成性质，很多此类人员在团队合作、工作生产执行中的责任心往往不强，态度不积极且能力长期提升不起来，其对整个"内核溢出"团队的向心力、归属感乃至认同感均表现较弱。那么，针对此类问题，除双向"放弃"外，内核管理人员也可以从工作机制等制度层面着手，对此类人员予以更多的正向引导。这类机制如"成长督促"，因为从我们的经验来看，外核人员加入此类"内核溢出"团队最大的动力莫过于提升自我，不断成长，保持与业界第一手信息的接触，从而从中得到实战锻炼。具体在我们的日常管理中，内核管理人员会选择在任务生产执行群内，专业、用心批注外核人员的每一个动作和业务交付物，详细指出"哪里错？怎么改？为什么改？"等，经过如此翔实、详尽的指导，外核人员便会被内核人员的强烈责任感和专业素养感染，个人能力也得到了提升，从而在这一工作循环互动中获得成长正反馈，继而选择继续参与团队的更多任务。

7. 内核人员如何确保项目质量稳定性的问题？

由于外核人员的工作时间多为碎片化时间，且其大多数工作生产执行时段均在内核人员的休息时段，因此，为了确保外核人员工作推进的稳定性和工作结果的质量，则对内核人员提出了更高的要求，如在外核人员对任务理解和生产执行有疑问、有困难的时候，必须做到时时、事事答疑解惑。此外，特别是当外核人员的流动性较大，同一工作出现多人经手的情况时，极容易出现工作质量、工作标准、工作成果备份混乱等问题，因此，为预防工作管理层面出现断档，内核管理人员还需建立"一项目一记录一存档"机制。

8. 如何培养内外核人员的双向信任问题？

内外核人员本质上属于工作上的合作伙伴关系。一切工作的开展并非盲目生产执行，而是要基于对彼此能力的相互认可和信任。因此，信任感的培养在"内核溢出"型团队中是必要且双向的。对于内核人员来说，除了前面提到的外核人员日常任务响应程度、态度负责程度、理解领悟能力、任务完成质量等"因人而用"的硬性指标，不断增强信任感外，可靠度也是内核人员建立对外核人员信任感的重要因素，而"可靠度"则主要源于内核人员的主观感受，评价标准可能涉及工作热情、工作承接能力、抗压力、完成效率等。与此同时，对于外核人员来说，建立对内核人员的信任感也尤为重要，这种信任感来自内核人员工作的业务专业度、高密度价值信息供给的精准度、任务质量反馈的及时度、双向沟通的平等有效度等。从我们的实践经验得出，成功建立起信任感的内外核人员，会使得正在推进的工作形成正向、良性循环，会使得双方在工作中均拥有更大增量的获得感和成就感，从而使得整个"内核溢出"团队发展得更健康。

### 2.2.2　慎用太阳式组织架构外核层团队

结合上述 8 方面的通用问题，以及我们团队的经验，外核层虽然在降本方面对企业有一定作用，但其对内核层的真正价值在于，一是发现人才，提前培育人才。在我们的日常管理中，明确外核人员经过核心层主管一定时间的培养、学习和项目实践，便可跨过试用期直接进入内核层，成为团队的正式工作人员。当然，外核层在为组织培养人才的同时，也为整个行业乃至任务需求方培养了人才。所以，从这个意义上看，外核层对内核是有强大的"反哺"效应的。二在于组织的声誉培养与专业形象的建设，我经常在团队内部与大家半开玩笑地说，外核层往往是我们未来的潜在任务需求方和市场，所以一定要爱护他们，也要以更加专业的态度与之相处。

次外核层的数量在 3 个层面中或许是最大的，且专业性一定程度上不亚于内核层，但其中人员往往以长期或临时兼职的方式参与组织的运行，因此次外核层与组织无须任何约束，也无须消耗内核层人员付出时间和精力对其予以管理。然而，与外核层一样的是，次外核层对于一个在线管理团队依然是"有备无患"的存在，特别当在线管理团队遭遇节点性、突发性工作内容激增和调整时，这样的外援则是对组织稳定性的二重保障。但是，当在线团队管理经验尚不足，且当内核层人员规模较小时，不建议轻易大范围、全面启用外核层人员，特别将一项工作任务完全托付于此类人员是在线管理的大忌之一。

第 3 章

# 企业在线办公的核心：人才梯队建设

## 03

## 3.1　人才梯队建设实践：分层多级负责制

### 3.1.1　什么是分层多级负责制

人才梯队建设工作的开展与否及成功与否，直接影响企业的存活率与成长性。经过五年的实践，特别对于在线办公团队，当其人员数量庞杂，多任务并行开展又需要较强的灵活性，且交付物的数量和构成不尽相同时，人才梯队的建设就变得异常迫切。对此，如图3-1所示的分层、多级人才梯队建设制度，不失为一种可以保障团队有序、稳定运行的机制。

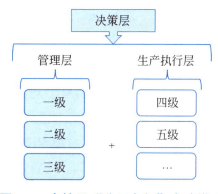

图 3-1　内核层"分层多级"人才梯队

结合我们的实践来看，该种"分层多级负责制"的人才梯队，于整个企业来说，发挥了包括但不限于以下四方面的作用。

① 培养与流动：分层多级人才梯队建设制度，为企业提供了一个

有序的、健康的、可抗压的人才培养与流动机制。特别于在线办公团队来说，人员的流动率或将高于50%。那么，通过设立不同级别的梯队，则可以促进员工的职业发展和晋升，激励员工持续学习和提升自身能力，从而保持组织的竞争力和创新力。

② 组织架构与管理效能：分层多级人才梯队建设制度有助于构建清晰的组织架构和明确的管理层级。不同层级的人才梯队可以对应不同的职责和工作要求，使企业内部的工作分工更加明确、高效，减少管理层级之间的冲突和混淆，当然也会出现"问题猴子"现象，本章后续会详细介绍。

③ 知识传承与质量稳定：通过分层多级人才梯队建设制度（见图3-1），高级梯队中的资深员工可以向下级梯队的新人传授经验和知识，保证内部知识的标准化及积累和传承，同时提高组织工作质量的稳定性和低错误率。

④ 人才储备和风险管理：即该制度可以为企业建立有效的人才储备和风险管理机制，通过培养和选拔不同层级的梯队成员，可以储备一批具备潜力和能力的人才，以备应对企业内部或外部的变化和风险，保证企业可持续发展。

分层多级负责制，顾名思义，包括了"分层负责制"和"多级负责制"。具体来说，"分层"指基于对组织的作用力、岗位角色、履行职责等因素，在中观视角下，将内核层的岗位按类别划分为不同层面。最简单、最通用的一类分层方式即将整个内核层划分为3个层次：决策层、管理层和生产执行层。

其中，第一层决策层是内核层的最高领导者，通常由董事长、CEO等决策性人物组成，需要立足组织的利益，制定组织发展的目标、纲领，且进行动态宏观控制。第二层管理层是决策层的下属机构，由组织中所有部门的管理角色共同组成，如生产管理部门、财务管理部门、销售管理部门等，其岗位职责则是将决策层制定的方针、政策贯彻落实到具体职能部门，且对日常工作进行组织、管理和协调。第三层即生产执行层，重在将组织目标、决策方向转化为具体行动和成果。这3个层次在内核层中相对独立却彼此联系，共同促成组织成长，推进组织发展。

此外，"多级"则以"分层"为前提，继而在每一层管理梯队中，进一步细化出多个等级，即要求每个职务对应的每个人都知道他的汇报对象是谁，下级是谁，且要求各级之间构成一条不中断的合作链。之所以在分层机制下还要实行多级管理，正是因为在线团队成员往往分散在全国各地，加之人员的基本特征、工作素养、负责工作乃至工作时段都不同，只有实行更详细的分级管理，才能既保证"分层"管理的效率和稳定，又能在各层特别是生产执行层中确保各部门能从自身情况出发，因地制宜、灵活地处理问题，以保证决策层、管理层制定方向、目标的有效落实，也才能调动各个具体人员的工作积极性和主动性。

## 3.1.2　分层多级负责制的副作用及解决方式

这一人才梯队建设方式，作为在线团队规模增长前提下不得已出现的产物，在笔者团队的五年实践中被证明是科学且合理的，尽管也存在一定副作用，但总体来看，其能够在在线团队管理的效率需求和效能需求之间找到折中和权衡，且在我们的实践中，针对出现的各类典型副作用，也可以以制度化、机制化的方法，借助在线软件予以有效解决。

如针对"管理成本"伴随层级增长而增长的副作用，一方面需严格控制决策层和管理层的规模，通常以最小单位为基准配置这两层的人员，另一方面则需简化管理层中级别的设置，精细化生产执行层中的级别设置，且对各层各级各岗各人的工作目标、工作要求、工作内容予以量化确定。

再如针对随层级增加而导致的沟通难度加大问题，特别是决策命令在经由层级自上而下传达容易产生曲解、遗漏和失真等问题，在实践中一来需格外注意"信息"传递的扁平化，即所有的决策、要求、调整、通知等，特别关于组织人、事、制度等重要信息，不遵循上述层级制度逐级传递，而是采取"一竿子插到底"的方式，在工作群中面向全员一键通发；二来在"信息"传递的结果和效果上，还需要求逐级负责和监督，并以问卷调查、随机访谈、问题暴露等方式复查复核。

需要强调的是，我们在实践中发现，在线办公和在线管理不适于去中心化管理，反而正是基于多层分级梯队的建立，基于"级-级"负责，依次完成向下一级管理和向上一级负责，从而保证了整个组织稳定运行，也可以承受内部、外部的较大突变和考验。在我所管理的团队中，管理层一级最多涉及管理层三级人员这一层，且只跟该级以上的人员进行周期性高频交流，并能够熟悉他们每个人的业务能力和身心状态。至于该层级以下的生产执行层及一般生产执行人员，则需要管理层三级等遵循"级—级"负责模式，推进常态管理和高质量运行。当然，在遇到问题和困难的时候，此级也有向上反映的通路，即向管理层一级直接反馈，继而匹配更多资源供其调配，从而协助其解决问题。

综上，这样的"级—级"负责模式不仅提高了管理的效率，充分调动了各级人才的工作积极性，同时也完成了各级人才的管理能力培养，且规避了工作不饱和、工作量不匹配，甚至"摸鱼"等问题。

## 3.2 分层多级负责制下的管理层

### 3.2.1 分层多级负责制下的管理层概述

在"分层多级"人才梯队的实践中，如图 3-2 所示，管理层一级、管理层二级和管理层三级等多级人员共同构成在线团队的管理层（见图 3-1），而项目核心、生产执行骨干及新进员工等一般人员构成了生产的执行层（将在第 4 章详细介绍职级划分标准和数量等）。管理层三级人员的主要任务是负责团队发展周期性分目标的拟定，计划的推进方案、步骤和程序的判定，按部门做好资源配置并协调下级做好落实，以及评价团队各项活动的成果、效果，从而在复盘中制订纠偏措施及负责下一轮资源配置与生产执行等。

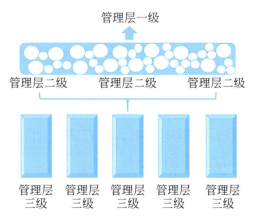

图 3-2　管理层三级角色关系

其中，为了保证团队的稳定性和可持续性，需以制度化方式要求管理层的 3 个职级形成 A+B 岗配置，且 B 岗的人数原则上不得低于 A 岗的人数。而这也是管理层一级需要仔细经营和长期关注的议题，尤为重要的是管理层二级、三级的搭建与培养，因为他们共同构成了整个团队有效运行的"中流砥柱"。

生产执行层中的"项目核心"和"生产执行骨干"无疑也是团队的重要构成，此二者既是各部门的具体构成，以最小单位确保团队的发展，也是管理层三级人员的"诞生源泉"。"一般力量"则如一般工作人员和新加入者，他们往往也是行业的新加入者。此外，就每层人员数量的设置来说，基本可遵循"橄榄球式"，即管理层三级和生产执行层一级、二级、三级人数之和在整个内核层团队占比应最大。

### 3.2.2 管理层的多级划分与岗位职能

#### 一、管理层一级负责人的岗位职能与要求

上述梯队中每一层每一级人员的工作职责和角色定位，也因层级的变化而不尽相同。其中，院长毋庸置疑是团队管理中的最高级，即扮演着管理层一级人员角色。那么，如果把团队比作一艘大船，该级人员就好比"船长"，在这一角色背景下，其岗位职责不仅需要审时度势，了解国内外发展态势，而且需要熟悉行业成熟度水平，从而结合公司战略发展方向，对标自身优势与不足，寻找机会且有效规避风险。结合我们团队的实践，管理层一级人员在内核团队的具体管理中至少需要履行以下三大职能（见图 3-3）。

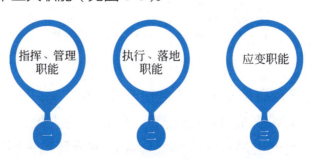

图 3-3 管理层一级负责人的三大职能

**1. 指挥、管理职能**，即对团队年度发展方向、发展水平、能力建设与日常管理等方方面面负责。仅以团队"各项能力建设"为例，在我们在线团队五年的实践管理中，管理层一级岗位的具体履职人员，将团队能力逐步具化为8方面，分别是研究力、组织力、AI力、交付力、议题力、服务力、创新力和实践力。这8个能力基于研究院具体职能，不同团队的能力建设需结合自身职能与定位个性化制定。

### 清博研究院八大能力建设

（1）研究力，这构成了团队成长的源泉，具体包括知识储备与运用的能力，工具积累与娴熟度水平，社会问题思考的宽度与深度，以及团队成员自驱学习力和对本职工作的兴趣度。其中就知识储备而言，我们内部开发了报告中台这一产品，仅供分析师使用，经常看到他们以组为单位，观摩学习其他组别分析师分享的报告与材料。

（2）组织力，这构成了团队成长的保障，具体包括组织规模和组织人才梯队的搭建，以及组织全员知行合一的能力。以我们在线运营团队为例，在2022年得以服务单体金额逾千万元的项目。期间，从上至下的"知行合一"尤为重要，特别当组织梯队层级比较多，且人员数量较为庞大后，上层的指示和要求能否被中层理解和向下传达落实，这直接决定一个组织的活性和可持续性有多大。

（3）AI力，这构成了团队成长的助燃剂，由助力效率提升、产能提升逐步发展为代替人工完成工作。AI力事实上是一种在工作生产执行过程中，优先考虑通过技术化、智能化方法的思维方式，既保障了完成度和准确性，又提高了速度。

（4）交付力，简单说即团队工作成果的总量，我们团队在2019—2022年，年度交付各类付费报告、材料分别达6万份、11.8万份、21万份和25.5万份，这一交付力使得团队在全行业乃至全球同类公司中都具备数量优势。

（5）议题力，以舆情分析行业为例，议题的积累与沉淀是一个分析师提升自我研究能力的必经过程。纵向维度下，通常需要了解宏观态势；中观层面则包括对社会思潮、社会心态、跨世代及新型人群认知、网络动员及亚文化和不同行业的感知与观察；微观层面则需聚焦舆论主体、舆论客体、媒体与自媒体、大V及意见领袖、社会组织等具体组织和个人。

（6）服务力，顾名思义，这一维度指的是被服务对象对提供服务方的满意度水平，具体可细化为3方面：服务数量、服务类型和服务满意度，前两方面表征了服务的数量和能力，第3方面则代表了服务的结果和效果。

（7）创新力，对于常年做案头分析、大数据应用工作的我们，创新力主要体现在研究方法与分析维度的创新，以及不断突破研究边界从而引领市场的追求。如在舆情事件专报的分析中，团队开创性地提出了"7点分析法"。而在黑公关分析中，以原创与否和发文频次两个维度提出"四象限法"，从而将账号角色定位为"领袖""启示者""鼓吹者"和"网络游民"四类。

（8）实践力，结合我们团队的发展，实践力主要反映在舆情会商的能力，即培养一定水平的舆情会商能力，要求分析师至少在上述议题力、交付力、服务力等方面均达到一定数量的积累。该工作的难度在于一方面对效率要求比较高，另一方面对效果要求更高。

**2. 执行、落地职能**，管理层的一级负责人，在日常管理中留有一部分"冗余"时间，用于思考团队发展力且及时反省与矫正能力培养情况是极为必要的。但是，该角色最忌好高骛远、坐而论道。通常，该岗位不仅要对战略目标形成可生产执行落地的方案，而且需要对生产执行落地的过程及时监督，且对最终生产执行的结果负第一责任。就管理层一级管理人员的具体职责来说，至少包括人的管理和对事的管理两方面。其中，围绕人的管理，需要该层级人员建立并不断完善人才梯队，细化人才绩效考核与人才管理制度，还需要其明确人才晋升规则、发展要求等，并建立一套公平公正的奖惩制度。就事的管理而言，需要该层级人员在事前、事中、事后等全流程建立工作标准和质量要求规则，确保任务可生产执行及任务生产执行完成的效果等。

**3. 应变职能**，对于管理层一级角色而言，遇"变"应"变"是职责所在，也是角色使然。特别是在在线办公团队的管理中，其首先需要面对的正是形形色色的"突变"。结合我们的经验，该层级人员可能遇到的"变"可以按照来源划分如下：如源自内部的"失联""撂挑子""情绪化"等人事变化，源自任务生产执行过程中的"业务暴雷"等，再如源自第三方供应商或其他生态合作方的"掉链子"类突变。另外，也可按照"突变"的规模和出现的次数，将其划分如下：一类规模比较大且首次出现的突变，该类变化往往需要管理层一级人员亲自处理处置，因为这类突变对资源的协调能力、解决的时间等要求均比较高；另一类如中小型"突变"或者老问题复发型，则可由管理层的二级或三级人员解决。此外，根据"突变"的性质，可以将其分为内部有能力解决型突变和需要寻求外部力量协助解决型突变。

## 二、管理层二级负责人的岗位职能与要求

继管理层一级角色外，管理层二级如副手和主管构成了在线团队的"中层"，这也构成了整个团队的核心，我将此层级人员定位为管理层二级人员。结合我们的管理实践，管理层二级这一岗位的定位如图3-4所示，包括向上负责、同级协同和向下管理3方面。

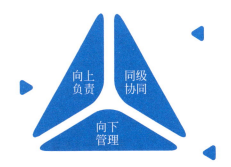

图 3-4　管理层二级的三重岗位职能

1. 什么是管理层二级负责人"向上负责"制？

向上负责即管理层二级人员作为管理层一级人员的副职和 B 岗，无论作为后者的"左膀右臂"，还是未来代替现行一级人员上位，均有义务对上做好辅助辅佐，且在日常在线管理运行中，二级人员往往仅需向上对一级人员负责。经过实践经验，我们认为管理层二级人员在管理层一级人员和管理层三级人员之间扮演了"海绵过滤层"的角色。

结合实践经验和思考，我们认为一位合格的管理层二级人员在"向上负责"中，需辅佐一级人员明确团队发展方向、做出管理决策、提出工作标准和发现团队不足等，具体包括如下几方面。

**一要成为好参谋**，即在管理层一级需要做出决策时，二级负责人员可以提供客观、全面、充分、对称的信息，而这构成了团队发展决策制定是否科学、可行的重要前提。这就要求该级人员履行好一级管理人员的"眼"这一角色，对团队所有人，特别是下一级人员——主管一层和储备主管以及各项工作推进水平要掌握得够全、够细、够准。与此同时，也需要管理层二级人员成为一级管理人员的"手"，在具体事务中代替、代表后者对内、对外做好生产执行和落实。

**二要成为好管家**，善于揽事，不拆台弄权，且对自己分管部分的工作敢于决策，善于管理，并勇于承担责任。如图 3-4 所示，管理层二级人员（副院长）作为管理层一级人员（院长）和管理层三级人员（主管）的中间层，相比向上负责外，更重要的是向下管理，特别要面向更下一级的各个子团队，做好人、制度、事、项目的落实与问题反馈。特别对于在线管理而言，次级负责人不仅需要保障所有制度、要求的可生产执行、已生产执行，而且需要准确把握存在什么问题，以及如何优化，从而持续提出管理优化建议。

**三要与管理层一级互相成就**，一方面双方需要在价值观层面保持高度一致，同时也需要在默契度方面互相补充。此外，管理层二级人员特别需要敢于及时指正管理层一级人员在工作中出现的脱离实际、制度疏漏、决策有失全面性等问题。结合我们的经验，发现在百人以上规模的在线办公团队中，管理层一级人员虽然是院长，但由于该岗位距离一线具体任务生产执行太远，以致其对团队所有人、事的真实工作量、任务难度以及人员的工作状态（如每日工作排班等）均缺乏了解，容易在决策中出现"不接地气"和"不切实际"等问题。

当然，管理层二级人员还需发挥为管理层一级排忧解难的角色，这里的"忧"和"难"既源自团队管理，也包括个人事务。结合我们的经验，回忆在 2020 年 1 月，团队恰逢一年之中最忙碌之际，且全员处于在线办公状态，彼时我因为身体原因不得已脱岗一个月之久，几位副院长迅速做出调整，高效保障了团队的正常、有序运行，甚至让整个团队的"团魂"更加紧密。此外，几位副院长也始终与我拥有相同的价值观，尽管处于在线办公状态，但彼此在认知和基本判断层面也始终保持步调一致，所以他们也是我社会情感支撑的重要来源。

2. 管理层二级负责人之间需"协同"什么？

除了做好向上负责，管理层二级人员由于往往多人共同充当，所以这个层级之间的协调协同在日常管理中也值得关注。基于我们的管理经验总结得出，为了实现 1+1>2 的管理效果，此一同级之间的协作需要做到以下三方面。

**一是始终以发展为重**。即管理层二级人员无论数量多寡，均需一致以"对团队负责"的大局观为工作前提。在线团队日常运行中，由于很少在现实世界见面，所以往往通过文字、语音完成日常交流，那么当遭遇沟通不畅甚至矛盾之际，这样的"大局观前提"则让不同的声音、互斥的意见变得更具可信度和说服力，方能让在线团队的沟通成本降到最低，也给真正问题的解决让渡了时间。

**二是相互尊重，相互信任且在必要时相互支持**。这个相互支持包含两个层面,一是互为 B 岗的相互支持,即在我们的实际运行中,每个岗位都需要配置相应的 B 岗,以保证在线工作无断档,那么管理层二级的 B 岗即在这同一层管理人员中的彼此。特别当在线团队中的管理层二级多为女性人员时,且多处于生育期年龄段,于是较长时段的替岗也成为客观需要。此外,经过我们的实践发现,虽然同级之间的替岗是效率最高、效果最好的一种方式,但为了向下提供或展示更多的升职空间,除同级替岗外,也有必要在管理层三级中发展潜在 B 岗人选,从而保证整支队伍的成长活力。

**三是分工明确,见贤思齐,取长补短**。通常,在团队中,管理层二级之间的分工往往有区别,也有重复。"区别"体现在对团队的横向管理中,即多个任职人员共同承接这个岗位的所有工作内容和岗位要求。结合我们的经验,几位管理层二级(副院长)人员有分管人事工作的,有分管制度建设的,有分管创新发展或 AI 赋能的,有对工作标准、工作质量等过程考核把关的,也有负责对外交流合作的。这就要求各个管理层二级人员的分工务必明确,从而杜绝管理漏洞或管理撞车等情况。"重复"则多体现在管理层二级人员对下一级的分区分块管理中,即不同管理层二级人员需分别负责管理层三级中的 1 个或多个子团队。在这个层面上,所有管理层二级人员彼此需要保持密切且充分的沟通,从而横向找准共性问题,警惕同一问题在不同子团队中重复出现,借鉴彼此先行性、针对性的解决方案,从而保持见贤思齐的"竞合"状态。

### 3. 管理层二级负责人的"向下管理"是什么?

管理层二级负责人的第三重工作则体现在向下一级的管理中,由于该项工作是本层级工作岗位的职责主体所在,也是其做好向上辅佐决策的必要基础,所以其通常需要占据岗位人员三分之二以上精力,且其在履职该项工作时,往往需面向内、外部不同主体开展各类"沟通"。结合我们的经验,为了确保各类"沟通"的有效性,特别是确保向下一级管理的有效性和高效性，建议该层级岗位工作人员需做到以下五方面（见图3-5）。

图3-5　有效沟通的5个要求

**一是充分沟通**，多指管理层二级人员与其分管子团队的充分沟通，既包含与分管团队中管理层三级人员的沟通，也包括与生产执行层的沟通。为了确保沟通的有效性，管理层二级人员通常可结合逐一沟通、群体座谈、重点沟通等多种方式，以期对每一位管理层三级人员和生产执行层人员的业务能力、职业优缺点、工作状态及可塑性甚至家庭生活等情况悉数了解，一方面在任务生产执行中做好督促和提醒，另一方面也可在必要时为其提供不限于业务指导的多元帮助。其中，该层级人员与管理层下一级的沟通需主要围绕对方拿不准的想法、自觉困惑的问题、可能产生分歧的异议、上层决策的理解与落实及工作中遭遇的各类问题等展开，实现沟通的有的放矢。

**二是如何沟通**，除了沟通内容，沟通介质也很有讲究，重要的问题、紧急的内容、复杂的事情、个性化的内容务必电话/语音沟通；重要但不紧急且共性的内容，则可以在线会议的方式展开。而相对日常业务指导等细节内容，如果干涉内容不复杂，但需要对该内容进行持续更新和复用延续,那么以在线工作群设置共享文档类文字方式展开的沟通则效果更佳。此外,就文字、文本内容的"到达率"而言,如前所述,以钉钉等办公软件为例,可以通过 DING 的方式确保信息送达,还可以通过"已读/未读"了解信息是否有效送达。

**三是高频沟通,**这一原则是在线管理的"刚需",也是在线管理成效显著的"妙招"。特别当团队规模和工作任务增长速度较快时,沟通频次也需要随之增长。结合我们的管理经验,高频沟通包括"周期性"和"灵活性"两类。顾名思义,周期性沟通指定期在线会议,同级间或跨两级间的沟通需要每日开展,以对当日重要事项和待解决问题及时通气通报;跨三级乃至跨四级的沟通以每周、每月开展即可,内容主要围绕上一周期的工作情况、暴露问题和整改落实情况等。灵活性沟通则是相对以固定时间开展的周期性沟通而言,即结合管理需要和业务需求随时开展。

**四是必要沟通,**即在什么契机或时机的沟通是非常有必要的,且如此"恰到好处"的沟通如久旱逢甘霖般,可促成事半功倍的管理效果。根据我们的在线管理经验,除新人入职面试沟通、新制度新政策的下达等必要沟通节点外,通常还需要在以下节点予以重点开展。

(1)在新任务进入在线团队的生产执行序列前,管理层二级、三级人员需要发起一次"前期讨论"会,干涉方需包括任务需求的发出方、任务需求的生产执行方,以及任务需求的商务洽谈方,以期在最短时间内掌握本任务需求的背景、标准、要求、要领和预期目标,特别还需结合以往已有的相似经历,对本任务需求未来生产执行中可能遇到的问题提前预知预防。

(2)在任务生产执行过程中,特别是出现问题时,要求管理层一级、二级人员及时介入,以协助整个在线团队判断工作方向是否正确、是否需重新调配资源、厘清当前主要矛盾等,同样,在较短时间内找到问题的症结并迅速纠正。需要注意的是，此类沟通往往需要"连续"展开，即在后续新一轮的任务生产执行中，持续跟踪问题解决的效果。

**五是沟通三忌**，一是忌走过场，不能充分启发对方。如前所述，且认为所有在线团队的沟通都需要基于具体问题具体展开，即所有沟通都是朝着解决问题而发起、而终止，此乃"忌走过场"。二是忌先入为主，不能接受批评与否定。在线团队管理也好，集中办公管理也罢，上一级的主观臆断和一意孤行都是行不通的，特别在逾百人规模的在线管理中，管理层一级人员无法下沉到每个员工，也无法事无巨细到每一项任务，因此唯有多聆听来自下方的声音，才有助于做出正确的决策。三是忌浅尝辄止，不能通过表象找到根本矛盾。结合我们的管理经验，经常发现管理层三级人员和生产执行层人员的交流往往处于"头疼医头、脚疼医脚"的初级阶段，并不能举一反三、管中窥豹般推及整个在线团队或整个公司的制度性缺陷或流程性不足。因此，更上一级的介入则主要需发挥此类通过表象找根本问题的职责。

### 三、管理层三级负责人的岗位职能与要求

1. 管理层三级负责人扮演什么角色？

对比管理层一级和二级负责人，三级负责人是团队运行质量的第一道"把关人"，即作为距离一线工作最近的管理人员，需要对工作的效果、工作的成果负第一重责任，且该级不同负责人的"把关"水平和能力构成了团队发展木桶中各块木板的高度。此外，管理层三级负责人也是管理层和生产执行层的"中间人"，如图3-6所示，决策层解决"为什么"和"干什么"的大方向、大方针，管理层解决"如何干"和"何时干"的问题，而生产执行层要负责的则是"领任务"和"抓紧干"。其中，对所领任务的理解程度、生产执行过程中暴露的潜在问

题或深层次问题,以及工作开展的整体效果等均需管理层三级负责人具体承担,做好向上、对下的居间解释、反馈工作。在实际任务推进中,管理层三级人员发挥的居间接收、解释与反馈工作,往往需多轮、递进开展,直到任务高质量完成。

图3-6　主管(管理层三级)的职能与角色

对于管理层三级人员的"居间"角色,具体如"上传下达"类,即来自决策管理层下达的指示、要求,以及具体制度、各项通知的下传、释疑与生产执行;再如"一丝不苟"类,即该层级管理人员还需理解所有任务项目的需求、分配与生产执行,以及负责向下对生产执行层人员的专业素养的培训与考核、工作时间的安排、工作效果的把控与奖惩等。以我们团队为例,该层级人员的"居间"角色则体现在整个团队八大核心能力——服务力、研究力、AI力、组织力、交付力、议题力、创新力和实践力——建设的方方面面。以AI力——智能化相关工作推进为例,清博智能作为一家在大数据、人工智能特别是文本算法等方面见长的公司,致力于提高所有工作的智能化水平,以此追求工作的效率、效能最大化;特别就当前从事的大数据分析、舆情管理行业,清博智能力求做好智能化报告的表率与实践,且在此背景下,我们先后启动了"驾驶舱"和"文曲星"(见图3-7)两项计划,前者围绕数据的精筛、推送、日报等展开,后者则主要围绕指标模型、咨询报告的AIGC展开。

在此智能化进程的推进中,我们发现管理层二级人员有且仅能发

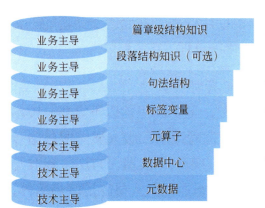

图 3-7 "文曲星"计划的 7 层架构主体概览[1]

挥的是督促作用，而三级主管则决定了本项工作推进的速度和质量。结合上述"驾驶舱"和"文曲星"产品的推广使用来说，首先在产品开发测试的早期，三级主管能否正确理解智能化工作推进的战略意义以及此项工作开展的必要性和迫切性，直接决定了整个在线团队的生产执行层能否接纳智能化工具。对此，特别在智能化工具推进初期，有个别生产执行层人员非常抗拒，他们一度以为 AI 会马上替代人工，继而滋生了此类抵触情绪；在此环节中，管理层三级还需要在上述产品功能的原型图设计、二次迭代中，尝试在人工智能抽象技术和具体任务这一具象之间找到可以连接彼此的切入点。

其次，在智能化推进的中晚期，管理层三级一是需要推进生产执行层人员加强对上述智能化工具和软件的使用率，从而持续为人工智能模型的训练集提供更多的"养料"；二是确保生产执行层在智能化工具和软件的使用中，及时发现软件存在的问题，并予以精准反馈，从而与技术形成良性互动，提升产品的功能性、可靠性和效率等；三是能否举一反三，在更多项目和具体工作中探索智能化的可能性，继而

---

[1] 该架构模型由清博智能 CTO 朱旭琪首创。

切实提升 AI 的使用频次和基础工作的使用效率，从而逐步让智能工具"更好用"，也让更多任务提上"智能化"进程。

2. 管理层三级负责人的管理职能有哪些？

就管理层三级人员的管理职能来说，至少需包含以下 3 类：技术技能、人事技能和概括技能。技术技能指管理层三级人员需要具备专业技能，即需要熟悉和精通某专业领域的知识、工具、方法、标准乃至经验。人事技能即强调的是其对生产执行层团队人员的招聘与培养，人才的发现与维护，以及员工的工作状态与职业信心建设等。概括技能则是管理层三级人员比肩管理层二级人员的一项技能，要求其跳出具体任务和细节性事务，站在更高视野理性反观、思考、判断整个团队的成长水平和问题，从而向上给出调整建议。

在上述 3 类技能中，技术技能（专业技能）排在这一级管理人员各项技能之首，如图 3-8 所示，此级人员需对生产执行层所从事的工作全盘熟悉，并需较生产执行层人员对所有任务的生产执行标准、生产执行方法等掌握得更透彻。因此，该技能标识着这一级人员发现问题、处理问题的能力和效率，且伴随管理时间的延长，其积累的岗位知识、

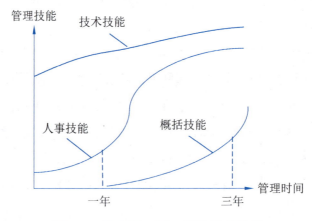

图 3-8　管理层三级 3 类技能的培养

技能也将随之增长。因此，该项技能的拥有与储备，也应该成为在线团队晋升管理层三级人员的首要依据和标准。结合我们团队的经验，管理层三级人员（主管）需完成各自小分队下所有技术类、专业类工作的安排与部署，并自觉在日常运行中发现问题并解决问题，与此同时提出精进方案。

  人事技能和概括技能对于管理层三级人员同样很重要，也是该层级管理人员必备技能。但结合我们的经验，现实情况可能是管理年限越短的三级管理人员，对这两项技能的储备越低，甚至在其晋升为管理层三级人员的初期并不具备此两项技能，反而需要在晋升后，伴随团队的规模扩张、任务生产执行经验积累等方得以培养。其中，人事技能是管理层三级人员建设其团队的首要技能，因此较概括技能来说，该级人员在该技能方面的成长尤为突出。另外，结合我们的经验，新手管理层三级人员至少需要一年的沉淀期作为人事技能的培养期。在此期间，其所管理下的在线团队将面临团队规模日益壮大和人员高流动性并行等问题。当然，其中的高流动性与管理层三级人员的管理经验是否欠缺密切有关，表现为在人才招聘、人员甄别等早期环节以及生产执行层人员的使用、团队向心力培养乃至职业生涯规划等方面。

  成熟的人事技能通常包括以下几方面：既能找到志同道合的生产执行层人员，能针对性迅速完成对新晋人员的培训和培养，也能带领生产执行层人员解决任务生产执行中的各类问题，从而解决"一道道坎"或"一个个坑"，此外，还能在日常工作中发现每个生产执行层人员的潜力、特长和不足，从而为不同能力水平和业务素养的生产执行层人员清晰规划各自的职业方向，确保在各类奖惩、晋升间完成在线团队人才梯队的搭建与稳定。

  此外，结合我们的经历发现，管理层三级人员在人事技能培养方面遇到的瓶颈往往在上述3类技能中占比最大。具体"瓶颈"通常出现在"心理"和"现实"两方面,如图3-9所示。所谓"心理瓶颈"即管理层三级人员在心理层面不能直面生产执行层人力资源出现的各类问题,如人员的正常与非正常流动,特别如老员工、熟练手的辞职,一度有管理层三级人员(主管)因此而怀疑自我,负面情绪累积至影响个人睡眠、饮食等。这样的"心理瓶颈"往往在新晋管理层三级人员中表现得尤为突出。而"现实瓶颈"指在团队的建设与成长中,由于主管找不到管理人事工作的方法和要领,从而导致生产执行层人员素养整体水平走低,甚至出现结构性人员塌方。

图 3-9　三级管理人员人事技能层面的两大瓶颈

## 记录那些经历"团灭"的小分队

### 一、早期管理中,激进带来诸多恶果

在我们在线团队近五年的运行中,晋升管理层三级人员、组建新的在线小分队是管理工作的重中之重。因为我们始终相信,人才队伍才是一支稳健团队发展的根本所在,尤其是在线团队,即只要优秀的人在,那么团队的发展就差不了。但是,这两项工作在我们团队真实运行中一度被摁下了暂停键,且时间长达一年之久。事情发生在2018—2019年,那时我管理经验严重不足,无论是管理线上团队还是线下团队,诸多决策和做法都显得太过激进,面对问题、困难时的心境也过于急躁,从而让团队几经起落动荡。以新晋管理层三级人员(主管)的提拔与新在线团队的组建为例,我一度要求所有已成熟小组必

须提拔一定规模、一定比例的新主管，且一旦确定人选后须即刻上任，并迅速组建自有在线队伍。

这样的激进行为虽然在彼时有诸多理由，如团队活力亟须提升，工作任务激增且工作要求难度陡增以及个人好胜心作祟等，但是从结果看，当时这一做法的确极为失败，即在一年半间，不仅出现4位年轻新晋主管相继离开，还出现连成熟主管也出现跳槽、离职等情况。事后了解得知，所有此层级管理人员的离开，均与工作压力大、人员培养难度高、项目推进困难、需求方反馈欠佳、无力应付多项工作要求等相关。

于是，经历这些动荡后，我们开始反思在线团队管理决策的科学性，开始认真审视主管在晋升提拔时需具备的能力和条件，开始意识到新晋主管的成长和成熟需要予以足够时间和空间，也开始逐步思考如何将任务工作、项目分级分类，从而以更科学、合理、人性的方式平衡推进在线团队建设与工作安排。于是，在此前提下，为了团队的稳健和休养，我叫停了管理层三级人员的提拔与新在线团队的组建，直到出现符合职级要求的人员时，方予以晋升。与此同时，我们也开始立足问题、总结经验教训，从而制定了一系列规章制度及办法（在后面章节中将详细介绍），最终让整个在线团队的管理趋于理性、科学。

## 二、陷入团队建设"团灭"循环而不能自拔

在近五年的在线团队建设中，有3支小分队出现团灭情况。其中一支在线队伍团灭的直接诱因是管理层三级人员的离开，由于该在线小分队处于建设早期，所以未能在该团队内部培养出可接替离开人员的B岗人选。面对该类情况，最直接、最快的解决办法则是提拔其他在线小分队的管理层三级储备人员，从而空降到该队伍。然而，效果

一般，我们遇到的现实情况即此空降管理层三级人员与原有在线生产执行层人员存在较大程度的陌生感和水土不服，从而又导致生产执行层人员相继离开。

其中另一支在线队伍的团灭是自下而上式的，其团灭的诱因来自生产执行层，且源自一个生产执行层人员出于对工作、对主管的不满，从而口口相传至更多的生产执行层人员，最终使得整支队伍对主管的向心力离散、凝聚力丧失，从而对这个工作乃至行业失去兴趣，继而出现团队的塌方性离职。对于出现该类情况的管理层三级人员，经过深入了解，我们认为错不全在其本人，特别该人员在专业技能方面处中等偏上水平，所以尽管经历了几轮的团灭，仍可以保证各项任务、工作稳定交付和一定概率的任务需求方好评，所以最终并未对具体岗位人员予以撤职处理，而是选择给其更多的时间和空间，逐渐完善人事技能的培养，从而完成团队的搭建。

针对上述瓶颈，要求管理层的一级和二级负责人需紧密观察三级主管的心理状况，并及时发现管理中存在的不足，从而对管理层三级提供针对性帮助和帮扶；与此同时，为了确保组织整体稳定，需在生产执行层人员中不断发现和培养新的管理层三级储备人员，从而为遇到上述问题瓶颈的主管提供更大的试错空间和更多的时间。

最后，概括技能则需要经历厚积薄发的过程，即一旦完成量的积累，那么其将迎来爆发性、突变性增长。结合我们的管理经验，该技能通常需要在进入管理层三级岗位一年后再开始着手积累，且技能沉淀时间需三年左右。具体来说，概括技能多表现为一种"管理感觉"，近似职场第六感，即管理层三级人员能从一件小事、一个动作或一个材料中看到背后存在的隐患和制度性缺陷，且此时的管理人员也脱离了"非理性"状态，不自觉地能在日常管理中站位更高，以团队价值观为出发点，从而围绕在线小团队和大团队的成长进行深入思考。

### 3. 管理层三级负责人之间的关系协调

如前所述，在线团队的管理层三级岗位通常由多个具体人员带领多个独立在线小分队并列运行。一旦这样的小分队数量达到 4 个以上时，小分队间特别是各位具体负责人之间的关系是怎样的及如何有效协调彼此，则成为另一个现实需要解决的管理问题。

以我们的经验来说，这样的管理层三级人员和其负责下的小分队之间存在"合作"与"竞争"的双重关系，虽然一定程度上"竞争"多于"合作"，但更高一级的管理者需要强调团队间"合作"的重要性和必要性，而不至于让小分队间形成恶性竞争。其中，"合作"主要表现在突发情况下，即在管理层二级乃至管理层一级的协调下彼此协作，从而完成相应任务的交付。我们团队近年则经历了一场"史无前例"的子团队大协作：

#### "史无前例"的子团队大协作

在本次子团队大协作中，参与进来的子团队多达 5 个，所以在我们的在线管理经验中可谓"史无前例"。届时，结合对任务需求的评估以及从业经验，我们早在该任务正式立项前一个月，便开始招兵买马，并在人员的高强度、多轮次培训和试岗中，迅速组建了一支规模相当的线下、线上混合办公队伍。与此同时，配置了 $N$ 个主管或储备主管级别的人员，负责任务的向外对接与向内管理。

在这样的配置下，项目正式立项并且运行一周间，伴随任务量如瀑布般倾泻下来，一系列问题也随之暴露，这些问题无论从数量上还是性质上，远比我们想象的多且复杂。其中，一个始料未及的问题来得猝不及防——除生产执行层的交付质量、培训压力、客诉等常见问题外，更要命的是出现管理层三级人员完全不够用的情况，而"不够用"既体现在对内的专业技能培训、人员人事协调及任务质量的审核等,也体现在对外需求、要求的应接不暇。屋漏偏逢连夜雨,在一个周末,有3位管理层三级人员纷纷提出拟离职的想法。

对此,我们开始认真复盘造成这一结果的原因,发现客观因素确实存在,即在上述内外问题夹击下,管理层三级人员面对着无以复加的压力,且一度无有效转圜的空间;而主观因素则更致命,一是我和管理层二级人员对中层队伍的稳定性太过自信,以至于完全没考虑过管理层三级人员提出离职的情况,当然也没有提前为此类问题设置解决方案;二是我们花费了太多精力在生产执行层,所以一度忙到对管理层三级人员的工作状态和身心情况"不闻不问",以至于没能在问题出现早期便及时协调人力资源,直到对方用这样一种"不得已"的方式结束合作。

找到症结后,接下来我们开始着手解决,毕竟当这样一艘"大船"在行进中遭遇管理层"塌方"是非常可怕的。于是,当时项目的分管副院长(管理层二级)以电话这一最原始但最高效的方式,对多位管理层三级人员展开事无巨细的沟通与了解,从而全面收集整理了团队运行中客观存在的问题和工作困境的具体表现,与此同时帮助这些人员就其"心理压力"予以释疑和释放。通过这样的梳理,我们明确了问题的主要矛盾正是这一层管理人员的规模与生产执行层严重不匹配,即管理层二级人员的数量严重少于管理层三级人员。基于此,我们开始着手补充管理层二级人员,其中3位拟离职人员经沟通协调后,有2位愿意继续和团队共进退。此外,由于该团队(命名A)管理层三级人员的"自储备"力有限,所以我们开始在整个百余人的在线团队中开启本次"大协作"调整,即协调其他两个小团队(命名B、C)的数名管理层三级人员和该岗位的储备人员进入团队A,与原有的管理层三级人员共同向外对接和向内管理,同时由另外两个小团队(命名D、E)接管B、C这两支"群龙无首"队伍,如图3-10所示。

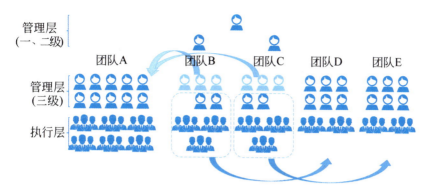

图 3-10　各子团队的协作与协同

至此，本次子团队大协作在历经两周的动荡后，尽管在生产执行层仍有问题不断暴露，且外部需求和任务要求越来越高，但由于我们稳住了管理层的基本盘，所以接下来便是逐一从容解决问题。运行一个月后便传来了任务需求方的表扬，至此团队 A 渐入佳境。

当然，如上介绍在一支完整队伍中，当所有力量被集中到解决 A 团队的问题时，势必其他团队也会因为这样的"协作"（动荡）而出现继发性问题。其中，由于管理层三级岗位人员的系统性不足问题仍未得到切实解决，且留存的在线子团队规模均远远高于有效管理阈值的上限，因此在各在线小分队内培养新的管理层三级人员，是一个迫切但需要长期推进的工作。

相较"合作"，"竞争"关系更直观，但是在我们团队内部，更强调通过彼此的良性竞争与不断内卷，从而助推各自团队取得更快的成长。"竞争"存在于子团队运行的方方面面，诸如管理层三级之间的三项技能（专业、人事、概括）竞争，再如各团队任务生产执行体量和交付能力的竞争，以及同一类别工作内容的生产执行效率和效能的竞争等。

### 3.2.3 管理层的"串岗"问题与解决

串岗,是在传统办公模式下滋生的一类"怪象",通俗讲即生产执行层很闲,管理三层很忙碌,管理层一级和二级更是忙得不亦乐乎。经过我们的实践,这一"怪象"被成功延续在了在线办公管理中。造成串岗的原因之一即"问题猴子",指的是员工在工作中动辄请示主管,让主管替他解决问题,而主管没有对所请示的问题加以区分,一概代为解决,从而形成恶性循环,出现"员工给管理者布置任务"的怪圈,导致主管不堪重负,员工反而得到了过多的空闲[1]。

针对这样的问题,我们一是量化明确不同岗位的工作要求和岗位职责。如前所述,我们立足"多层分级"机制下,清晰设计了每一层每一级人员的岗位要求和职责,即无论从管理层的院长,副院长还是主管,乃至生产执行层的四级、五级等人员,我们都有量化的、制度化的、书面记录的岗位要求与职责相关材料;二是周期性考核岗位要求与职责的落实情况。我们基于不同岗位的工作要求和岗位职责,为每一层每一级人员制定了个性化绩效考核条例,并且由上一级人员以月为单位,完成绩效考核的打分。在此过程中,将具体人员在过去一个月岗位要求和职责落实的程度、水平、问题一并完成复盘。

结合我们的经验,走完上述两步,"问题猴子"问题仅可以解决五成。而剩下的五成对于在线管理来说才是挑战所在,因为这五成的"问题猴子"往往发生在日常管理运行的突发状况下,因为在如此突发、紧急状况下,各方出于尽快解决问题、消灭突变等初衷,所以非常容易出现从上至下的"代为解决问题"等串岗情况。

---

[1] 管理层次:决策层,管理层,执行层,操作层 http://www.360doc.com/content/17/1008/22/13479821_693325177.shtml 个人图书馆,2017 年 10 月 8 日,2022 年 8 月 10 日 9:10。

在我们团队建设早期,这样的"串岗"现象几乎是常态,经常在出现任何生产执行问题的时候,我作为管理层一级却总会被第一时间找到,而我也不自觉地总会在第一时间投入一线灭火工作中。如此安排的优势是确实可以提高问题解决的速度,且在这个过程中,我也可以更快、更直接地发现团队存在的机制性问题和团队成员个人存在的业务不足;劣势则是我变得非常忙碌,而我们的管理层二级人员、管理层三级人员等中层小伙伴则变得"一无是处",同时她们也失去了提高自我能力的最佳机会,而这对团队的长久发展和人才梯队建设极其不利。

当意识到这样的"串岗"问题日趋常态化、严峻时,我们才开始认真思考并梳理出上述"两步",并且在主观层面要求自己和管理层人员,在面对突发状况时,厘清问题的性质、构成、风险水平及第一责任方,那么对于性质相对不恶劣、构成不复杂且风险水平影响力较低的问题,首选由第一责任人负责问题的跟进与解决,上一级管理人员予以场外指导和帮助;而对于构成复杂且风险波及整个团队的稳健发展问题,首选由分管该部分工作的管理层二级负责问题的跟进与解决,管理层一级予以指导和必要资源协调。当然,在第二类问题解决过程中,管理层一级需视情况的演变适时直接负责问题的解决。

经过一年左右的实践,如上安排几乎解决了团队内的"问题猴子",且在此过程中,不仅让团队管理层的业务能力和管理能力有了质的提高,而且这样的"下放"延续到生产执行层,使得整个在线团队的人才结构更加稳健,一度出现"逆问题猴子"现象,即下一级做着本级工作还操着上一级岗位的心,特别是生产执行层高级别人员工作异常繁忙。

第 4 章

# 企业在线办公的保障：运行机制建设

## 4.1 围绕在线办公"人"的运行机制建设

### 4.1.1 企业在线办公执行层的运行管理

本章重点探讨在线办公分层多级责任制下的管理层相关要求及可能出现的问题与解决之道，围绕在线办公"人"的运行机制建设展开，确切地说是企业在线团队中执行层（等同生产执行层）人员的管理。相对于企业在线团队的管理层，该层人员承担着具体的任务执行和日常运营工作，是在线团队中最直接接触和负责实际工作的一群人。因此，执行层人员的管理对于保障在线办公的高效运行和实现组织目标至关重要。

首先，执行层人员的运行机制建设能够确保任务高效执行。在线办公中，任务分配和执行需要高度协同和配合，涉及多个执行层人的协作。通过建立清晰的工作流程和责任分工，明确任务的执行者和时间节点，可以有效避免任务延误、责任不明等问题，提升任务执行的效率和质量。其次，执行层人员的运行机制建设有助于培养团队合作精神和执行能力。在线办公中，团队合作和协同能力对于项目的成功至关重要。通过建立有效的沟通渠道、明确的沟通和协作方式，执行层人员能够更好地配合和协调工作，实现良好的团队合作效果。同时，通过明确的任务目标和绩效考核机制，激励和激发执行层人员的执行能力和创新力，提升整个团队的执行效能。此外，相对于管理层，执行层人员于在线办公中通常面临一些特别的问题。例如，执行层人员可能遇到任务过多、工作压力大的情况，需要合理分配工作负荷和管理时间。同时，由于在线办公的虚拟性质，执行层人员也需要更强的自我管理和自我激励能力，以保持高效的工作状态和积极的工作态度。

因此，在企业在线办公中，建立健全的执行层人员的运行机制至关重要。通过明确任务执行流程、加强团队合作和协调、提升执行能力和自我管理能力，可以更好地应对执行层人员可能遇到的问题，确保在线办公高效运行和组织目标的实现。

## 4.1.2 企业在线办公执行层的规模与层级设置

### 1.执行层团队的规模与层级设定

企业达到一定规模时，管理层三级负责人往往处于多人并行状态，即由多个三级负责人分别带领各自团队并列运行（见图4-1）。特别是在线团队管理中，这样的小团队并行"作战"是最优选择之一。如此设计，既确保了管理层对每个在线小分队的掌控力，又形成了彼此差序互补之势。其中就掌控力来说，尤其当在线管理中所有人事情况、工作开展情况都只能通过在线会议、工作文档和在线打卡等间接方式了解，那么只有团队规模足够小，方能让管理层在方方面面的掌控力更优。特别在团队建设早期，需注意"欲速则不达"原则，即团队扩张的步伐切忌迈得太大，使得管理层三级人员和储备人员的各项管理技能跟不上规模扩张的现实需求，以至于如前所述团队覆灭。

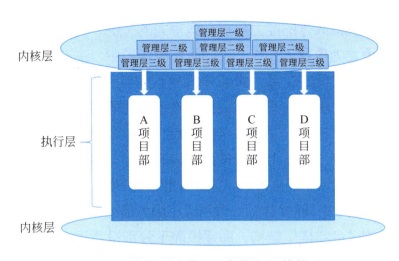

图 4-1　在线团队管理层与执行层的关系

就每个小团队的人员数量来说，结合我们的经验，1∶10 是比较理想的状态，即 1 个管理层三级主管带领 10 个生产执行层组员，由此可见一名优秀的管理者对在线办公模式的正常运行至关重要。其中 10 个生产执行层组员则进一步由能力相异的多级人员构成，其中副主管一级（生产执行层最高一级）的人员数量是 1∶5，即 5 个生产执行组员之内需要培养 1 个副主管，该副主管也是主管（管理层最低一级）的 B 岗。在线办公模式中管理者与生产执行者的关系如图 4-2 所示。

图 4-2　在线办公模式中管理者与生产执行者的关系

2. 执行层团队的人员梯队建设与管理

在当前人才竞争几乎构成商业竞争主要方面的背景下，企业已经认识到充分发挥人才的能力是提升竞争力的关键，人才的培训和团队搭建就显得尤为重要。在线办公团队管理场景中，生产执行层的一线员工与管理者之间的关系，大部分情况下其实是根据一个个分发的工作任务维系的，相互之间情感层面的维系相对薄弱，而企业团队发展的关键词就是"持续""平衡"与"稳定"，那么团队中管理者与生产执行人员之间的平衡、上下级关系结构的稳定，则需要有一条明确且可发展的职业规划路径来维系，彼此才能各司其职，分工合作。

具体在人才搭建的结构上，通常以小组为最小单位，且每个"小组"均呈经典的"金字塔"结构，即逐级而下分别设置了生产执行层一级岗位、生产执行层二级岗位、生产执行层三级岗位和"一般生产执行"4级，且在如图4-3所示的4个等级中，还会结合个人能力、岗位经验等多维差异形成更细致的等级。

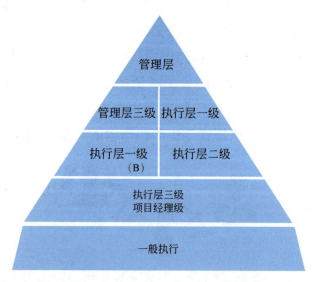

图4-3　生产执行层人员组织结构

如图4-3所示，生产执行层一级负责人员同时也是管理层三级人员，此结论并不矛盾，因为在团队实际运行中，这一岗位同时承担着"管理"

和"生产执行"双重职责。其作为整个团队的中坚力量，好比管理层和生产执行层中间架起的一座桥梁。生产执行层二级人员往往是生产执行层一级岗位的B岗，即储备型人才。而生产执行层三级人员则重点承担着项目经理级岗位职责，是任务生产执行的第一道把关人，负责带领一般生产执行人员共同完成项目目标。

（1）执行层一级岗位建设

该职级人员在生产执行层扮演了领头人角色，即该岗位人员可在生产执行团队中独当一面。就其候选人来说，通常在整个团队人员的能力中是最综合、全面的。这一岗位又可以横向分为"初级""高级"两级。如前所述，生产执行层一级岗位人员向上需向副院长汇报工作，与副院长之于院长一样，他们与副院长同样是统一战线的好伙伴、好帮手的工作关系。对此，在线办公团队需要至少以周为周期，由此级人员通过线上例会的形式，与管理层二级保持高频沟通，保证管理者二级对所有任务执行的进度、项目的质量等保持充分了解与把控。

向下该岗位人员需要全面掌握当前各自"小组"的实际运营情况，针对性地制定优化方案，保证所有最小单位团队优质发展。其具体岗位内容即需对组内所有生产执行层人员及各项工作任务负责，小到工作任务承接、工作分配安排、人员配置排班等，大到人员培养、工作任务质量把关、各任务收益成本管理、跨部门协调资源及沟通等。

就生产执行层一级岗位的人力配置来说，可根据该团队的生产执行层人员规模及已承接任务、项目体量而定，通常其标准配置为一人；伴随其管理团队下承接任务的难度提升、规模提升及生产执行层人员增长，该岗位需升级配置为双主管或多主管并行。

（2）生产执行层二级岗位建设

生产执行层二级负责人的角色设定主要是生产执行层一级人员的B岗储备人员，岗位职责包括协助生产执行层一级做好团队内部管理及细节工作的落实，如制作工作排班表、核查人员出勤情况、统计各项数据报表、优化团队工作流程等。此外，该职级人员也需要对组内各项生产执行任务的效果负责，包括但不限于解决任务生产执行中各类资源、人员、技术等问题。

在生产执行层二级人员的用人标准方面，与生产执行层一级人员相比，该级人员通常在业务能力方面或与之不相上下，但碍于管理机会欠缺，使得其在管理能力方面仅表现为一种趋势和潜力，因此正是这样的"潜力"将构成对其是否选拔、任用的重点参考。此外，结合我们的实践经验发现，在团队运行中对生产执行层二级人员的工作内容、岗位职责的设置务必量化明确，且需格外注重为其提供管理实践机会，从而对其管理能力予以分级培养，否则将容易形成该岗位"虚设"等问题，从而使得处在该岗位的人员经历从早期的干劲十足到后期的消极怠工情况，这样既不利于团队的结构稳定，也错失了人才挖掘与培养的机会。

此外，就团队中该级岗位人数的配置依据，则需要依据生产执行层一级（主管）的工作强度等实际情况而议，结合我们的实践经验和理想设计，一名生产执行层一级人员需配置两名生产执行层二级人员，这样既可有效保障团队的常规运行，确保多线并行下的每个任务的生产执行效果，也可在突发情况（如较大规模的人员动荡与调整、接到较大体量的任务生产执行指令等）下不至于出现团队结构性崩塌与生产执行不下去等情况。

（3）生产执行层三级岗位建设

生产执行层三级负责人为"项目经理级"，该岗位的职业定位在于对生产执行任务和具体项目的实施质量、安全、进度、成本、资源的保障和项目生产执行水平的提高，其所负责处理的是实务性质类工作。基于此，在线团队中的生产执行层三级岗位的首要职责即在预算范围内按时保质地领导最小单位"小组"完成全部交付工作内容，并使任务需求方满意。为此，该级人员需要为每个任务制订项目计划表，并在组织和推进过程中做好领导工作，具体工作诸如需求对接、制定生产执行细节、任务生产执行培训、项目交付审核等，从而实现项目目标。

在团队的实际人员结构中，生产执行层三级岗位人员又可分为3等，分别为"初级""中级""高级"，等级划分依据包括了在职时间、承接项目任务的大小、落实项目任务的质量、个人能力与经验、新人培养的情况等。如前所述，"项目经理级"人员是直接对每个具体工作任务负责的人员，在团队整体架构中，各小团队的项目经理综合能力越好且数量越多，团队的核心竞争力越强，因此发现和培养"项目经理级"人员构成了在线团队生产执行层稳定发展的重要因素，也是在线团队管理层需重点关注的环节。

结合我们的实践经验看，生产执行层三级负责人通常会经历一个岗位培养期。该期间也是其工作任务对接的初期，此时则需要其在任务生产执行岗位工作一段时间，从事最基础的任务生产执行工作，以便梳理出该任务下的每项细分任务和完整工作流程，最终制定出一套工作操作手册。伴随管理团队逐渐发展壮大，团队规模结构逐渐成熟后，其将进入职业成熟期，此时将有更多团队、任务优化工作需要"项目经理级"推进，随之而来的问题则是工作压力的"水涨船高"。一旦某生产执行层三级人员进入职业成熟期，继续要求其参与、落实每个项目的生产执行，则不再合时宜，且如此要求极易造成此级人员流失问题，而这对于整个在线团队的人才建设来说伤害是非常大的。

针对该问题的解决，第一种解决方案是让成熟的生产执行层三级即项目经理级人员脱离项目生产执行等事务性工作，腾出时间和精力以专心钻研每个任务的效率提升、成本缩减等管理性工作，重点应对解决各项目中出现的突发状况。当然，以这种方式化解生产执行层三级岗位压力的前提则在于其负责工作任务体量够大，或任务数量和带领人员够多，即需确保其工作饱和度。

然而，结合我们的实践经验看，在在线团队的运行中，生产执行层三级人员的事务性工作如任务需求沟通、生产执行层人员的培训等往往会占据其很大一部分工作精力，且此类工作原本就是该岗位的职责所在，因此我们实践出第二种解决方案，即培养生产执行层三级岗位的B岗，具体如在有潜力的新人组员中挑选目标人选，从而安排其从事一些体量相对较小、责任相对较弱的"项目经理级"工作任务。如此安排，不仅解决了项目经理级岗位工作压力无法缓解等现实问题，而且也为团队培养了储备型人才。

在团队实际运行中，以上两种生产执行层三级岗位问题优化方式也有并行共存的情况。特别当在线团队进驻体量较大、要求较高、内容较复杂的任务时，则需要不同在线团队形成协同合作之态，以合力达成同一任务的生产执行目标。在此情况下，可根据各团队所承接任务的体量、与任务需求方沟通的频次、所负责交付内容的难易程度及不同团队内部生产执行层三级人员之间的经验差别，设置一个总项目经理，其余不同部门分别设置分任务项目经理，其中总项目经理负责该任务的所有统筹工作，对该项目的目标达成负第一责任。

（4）一般生产执行人员的培养

一般生产执行人员构成了生产执行层的最基层，也是各项工作落实的终端。根据人员岗位经验，此级可再次细分为初级一般生产执行人员和高级一般生产执行人员，其中初级生产执行人员的工作职责主要是落实各项具体工作，做好工作任务的生产执行，高级生产执行人员较初级生产执行人员还需再承担一部分"新人"培养等工作。通常，对于生产执行层二级和三级人员来说，对一般生产执行层人员的招聘和培养瓜分了其较大一部分精力，毕竟对新进人员的筛选和培训直接影响团队搭建的速度和效果。

需要特别注意的是，在线办公生产执行层新人招聘工作有别于线下办公的人员招聘。通常，在线下办公的人才招聘中，求职者大都生活在企业所在城市或周边，其面试均在物理空间展开，因此，在这样的面对面交流场景中，面试官可以根据求职者的个人简历、成长环境、工作经历以及"真实看到"的应聘者状态，从而就录取与否做出综合决策。而线上招聘工作，由于往往只能通过视频、语音通话等形式展开，于是对招聘人员就提出了更高的要求，一是要求负责招聘工作的生产执行层二级或三级人员能向求职者清晰、准确地介绍岗位职责要求及岗位工作内容，尽量避免理解偏差，使得应聘者在进入试用期长达一周甚至一月有余后，方才认识到个人职业期望与实际岗位工作的不匹配等问题，从而导致人员流失问题高频出现，进而导致团队在人员招聘环节付出更多的机会成本。二是要求其可以在有限时间和条件下，甄别应聘者与岗位的适配度，并能够在海量应聘者中挑选极具成长潜力型人才。对此，可在人员面试过程中，招聘负责人在面试或笔试环节加入未来该岗位真实的生产执行任务，或该岗位将面对的真实"困难"场景，从而及时了解应聘者的工作能力与就职岗位适应度。

事实上，在线办公模式下的人才招募与选拔工作往往会碰到很多意想不到的问题，针对此类通用问题，我们团队在实践中总结发现，有效培训可以在事前杜绝大部分问题的出现。那么，什么是对一般生产执行层的"有效培训"呢？

其一，为此类应聘人员预留岗前培训期，通常可设置为3~5天，由生产执行层二级或三级人员规划设计培训课程。需要注意的是，如果此类培训课程涉及具体任务，切记做好培训内容的脱敏工作，时刻防止企业或任务需求方信息外泄等风险。

其二，不仅重视对应聘人员的岗前培训，更要注重对其在具体项目、综合素养的常规培训。其中，相对于线下办公一般生产执行人员来说，线上办公的培训时长应延长至两倍，甚至更多，且培训内容需要做到"不遗巨细"，包括对工作内容庖丁解牛般予以拆解，对工作要求的量化明确，对工作流程的分步骤释疑等。

其三，丰富培训形式，通常具体工作内容可通过视频录制方式展开，以便应聘人员反复观摩及后续同岗位人员复用复看。而工作手册、说明文档等一类，则可以通过在线文档予以编制，且根据项目生产执行要求的调整而实时更新。此外，一对一或一对多的线上直播讲解也是非常重要的一类培训形式，特别适用于针对重难点问题和易错类问题的强调和复盘类培训场景。此外，针对一般生产执行层人员，对其实操能力的培养才是关键所在，因此，在上述培训形式之外，以老带新的传统培养方式更有助于新人在实操中尽快达到岗位要求。

### 4.1.3　企业在线办公执行层的考勤机制

执行层员工考勤是企业在线管理中的重要环节，考勤管理可以维护企业的正常工作秩序，提高办事效率，整顿企业纪律，使员工自觉遵守工作时间和劳动纪律。在线办公团队中的员工考勤则是管理的重点与难点，有效在线考勤管理能帮助企业更好地管理人力资源，提高企业的效益，无效考勤则不仅容易造成人力资源的浪费，还会给企业造成运营成本的无序增长。

结合团队五年在线办公实践，我们将在线生产执行层人员的考勤机制总结为"一基三优"（见图4-4）。

#### 1. 以排班为考勤基础

排班，顾名思义，就是在工作时间内将生产执行层人员排在不同班次内，组织不同时间段下的不同班次生产执行层员工协同合作完成

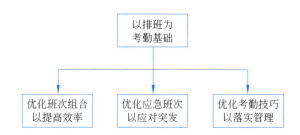

图 4-4　在线办公生产执行层"一基三优"考勤机制

工作任务。如果在线团队的生产工作大于 8 小时且不能间断,就需要实行多班制;而其生产工作大于 8 小时但可以中断,则可以采取单班制或多班制。组织好在线团队的排班,对于合理使用劳动资源,最大化劳动协同,保证员工的休息和提高团队整体工作效率,都有很重要的意义。

那么,在生产执行层排班制中,通常仍以团队最小单位——小组为基准,排班方式可按周或按月规划。如果以周为单位,即按照一周工作五天休两天的模式,再根据任务生产执行的每日总时长,将工作日灵活切割为 7∶00—15∶00、15∶00—23∶00、9∶00—18∶00 等 8 小时一班,而休息日也需要预留一定的冗余,以便灵活应对突发状况。排班表(见表 4-1)一经确认,须提前告知所有相关人员,并协调要求其在下一个工作周期内按班次出勤,稳定有序推进工作。

具体排班方式可参考以下两种:一是"去中心化"班表排制,即建立线上排班群,可利用在线编辑软件,由生产执行层二级或三级人员先行将工作明细和任务完成时间予以罗列,继而由一般生产执行人员在线编辑填写各自班表,且每个班次具有唯一性;二是"中心化"班表排制,即生产执行层二级或三级人员掌握每个一般生产执行人员的工作状态,及其对每项工作任务的业务熟悉度,继而由上至下地完成班表制定工作。此类班表制定完成后,要求一般生产执行人员逐一确认。

表4-1 排班表演示（所有信息为虚拟内容）

| 工作内容 | 工作时间 | 5/8 星期一 | 5/9 星期二 | 5/10 星期三 | 5/11 星期四 | 5/12 星期五 | 5/13 星期六 | 5/14 星期日 |
|---|---|---|---|---|---|---|---|---|
| 早班数据清洗 | 8:00—12:00 | 张** | 高* | 苏* | 万** | 张** | 苏* | 李** |
|  |  | 高* | 张* | 张* | 苏* | 万* | 李* | 苏* |
|  |  | 常* | 张* | 张* | 李* | 李* | 常* | 常* |
|  |  | 刘辰* | 苏* | 谷* | 张* | 谷* | 盛* | 谷* |
| 分时段数据整理 | 8:00—12:00 | 万* | 万* | 万* | 晏* | 杜* | 晏* | 高* |
| 定点数据巡查 | 8:00—12:00 | 万* | 万* | 盛* | 晏* | 杜* | 晏* | 高* |
| 晚班数据清洗 | 14:00—18:00 | 盛* | 盛* | 余* | 谷* | 李晨* | 谷* | 盛* |
| 日报统筹+原创明细 | 18:00—19:00 | 谭* | 杜* | 欧* | 李晨* | 余* | 杜* | 谭* |
| 日报 | 17:00—18:00 | 张祺* | 张祺* | 高* | 张祺* | 欧* | 张祺* | 欧* |
| 分段数据整理 | 14:00—18:00 | 徐瑞* | 晏* | 闫* | 欧* | 晏* | 欧* | 晏* |
| 专项一数据 | 8:00—12:00 | 张* | 徐瑞* | 杜* | 张* | 张* | 高* | 闫* |
| 专项二数据 |  | 李晨* | 李晨* | — | 闫* | 闫* | 闫* | 杜* |
| 品牌数据清洗 |  | — | — | 常* | — | 雷* | 杜* | 商* |
| 品牌数据早班数据清洗 | 8:00—12:00 | 余* | 李* | 刘辰* | 谭* | 李* | 李* | 余* |
| 清洗 |  | — | 刘辰* | 刘辰* | 刘辰* | 刘辰* | 谭* | — |

续表

| 工作内容 | 工作时间 | 5/8 星期一 | 5/9 星期二 | 5/10 星期三 | 5/11 星期四 | 5/12 星期五 | 5/13 星期六 | 5/14 星期日 |
|---|---|---|---|---|---|---|---|---|
| 品牌数据晚班数据清洗 | 14:00—18:00 | 李* | 常* | 李* | 余* | 谭* | 商* | 李* |
| 品牌日报 | 17:00—18:00 | 李晨* | 李晨* | 杜* | 闫* | 闫* | 闫* | 杜* |
| | | 杜* | 余* | 李晨*(调休) | 常* | 常* | 刘辰* | 刘辰* |
| | | 苏* | 李* | 徐瑞*(年假) | 李* | 盛* | 万* | 万* |
| | | 欧* | 闫* | 谭* | 杜* | 高* | 李晨* | 李晨* |
| | | 闫* | 谭* | 晏* | 盛* | 徐瑞*(年假) | 张* | 张* |
| | | 谷* | 谷* | 李* | 高* | 苏* | 张* | 张* |
| | | 李* | 欧* | 张祺* | 徐瑞*(年假) | 张祺*(调休) | 徐瑞* | 徐瑞* |
| | | 晏* | — | 商* | 雷* | 商* | 余* | 张祺* |
| 休息 | | — | — | — | | | 雷* | — |

## 2. 优化班次组合以提高效率

如前所述，每个班次为 8 小时工作制，每个班次下的工作量饱和与否则是在线团队管理的难点之一。如果班次工作量不饱和，则极易造成人力浪费、任务生产执行成本增加等问题；而班次工作量超负荷，则极易导致生产执行层人员身心疲惫，从而影响任务完成质量。因此，由谁判定班次中工作量的饱和度，以及如何考量饱和度，这些都属于"优化班次"的工作范畴。

对此，我们建议首先由生产执行层一级人员牵头，根据项目要求、生产活动经验等评估每项工作的耗时情况，甚至将每项工作的班次用时精准计算到小时级和分钟级；其次要求生产执行层二级人员负责跟进落实，即在真实工作中结合一般生产执行人员的反馈和任务生产执行效果，对该班次进行动态调整。其中镶嵌式班次是一种能有效确保工作饱和度、优化人力资源的排班方式。依据我们团队的排班经验，在单班次中可设计"1+2""4 个 1"等镶嵌组合方式。具体来说，"1+2"即将一个难度较大、任务较重的项目与另外两个简单类任务组合；"4 个 1"即将 4 个简单项目予以组合，项目可以是衔接式，也可以是并行式，具体几个项目可根据本团队的生产执行任务情况灵活调整。

## 3. 优化应急班次以应对突发

如上排班属于常规工作下的班次规划，其设置初衷是为了确保日常任务的目标达成，但是往往在工作中会出现诸多突发情况，特别于在线办公模式下。这样的突发情况或源自外部，如任务需求方新增需求、任务内容调整等，也有来自内部如生产执行层人员身体或其他原因导致的班次履职错乱等。此外，有别于线下办公的是，线下工作场景中生产执行层人员近在眼前，生产执行层管理人员可随时按需开展调度，然而线上居家办公中生产执行层人员的工作状态和工作环境往往是不可"见"的，特别其非值班工作时间段的情况更不得而知，甚至随时处于失联状况，因此线上办公排班工作中，需格外注意应急班次的优化。

综上，应急班次设置是对团队应对突发情况的一道保险保障，通常应急班次的一般生产执行人员设置从当日休息人员中挑选一到两人即可。但需要明确的是，每位一般生产执行人员须在应急班次中"轮值"，无特殊情况即正常休息，出现特殊情况不得推诿；且在一个"轮值"周期内，每位一般生产执行人员原则上仅参与应急班次一次，以保证应急班次参与的公平性。

4. 优化考勤技巧以落实管理

正因为是在线办公的工作形式，因此对生产执行层的考勤管理需要更加严格，一般由管理层三级负责人即生产执行层一级人员对组内所有一般生产执行人员的出勤情况（在线打卡）进行核查，特别对迟到、早退、旷工、加班等"异常"数据须进行详细记录，以保证线上出勤秩序。以钉钉为例，出勤可基于内部群的"群打卡"功能开展，即每个班次的一般生产执行人员可标记"模糊定位"后在线完成上下班打卡，管理者可按月导出打卡记录，继而根据当月各项具体任务工作群的交流记录、生产执行交付记录等核实出勤情况。之所以选择"模糊定位"，一方面是方便确认一般生产执行人员的所在地，另一方面，由于"位置"属于个人隐私数据，因此需予以一定保护。

5. 执行层"考勤问题盒子"（见图4-5）与解决

如线下管理团队一样，企业在线办公同样需面对"出勤问题盒子"，具体如人员"忘打卡""迟到、早退""旷工""临时加班""私下调岗换班"等情况，在线办公的出勤管理也会面对此类问题，当以上情况发生时，可通过如下配套措施予以解决。

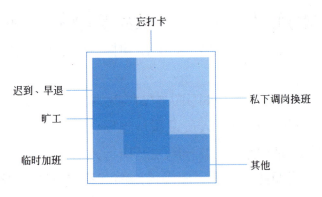

图 4-5　在线办公生产执行层的"考勤问题盒子"

（1）一般生产执行人员出现"忘打卡"该如何处理

管理层三级负责人需核实小组内人员每天班次下的出勤情况，除上述在线打卡记录外，通常还需要其他间接信息予以佐证，如交办一般生产执行人员的任务是否按时完成，再如群内信息交流记录或者与其他一般生产执行人员之间的交接、交互信息等。经过如上日复一日的核实，如果仍有"忘打卡"情况出现，一般每个月可有 3 次"补卡"机会，超出该"补卡"限额，则视为旷工。

（2）一般生产执行人员出现"迟到早退""旷工""找不到人"该如何处理

在日常工作考勤中，如果碰到以下 3 种情况，生产执行层三级人员就需要注意一般生产执行人员的在岗状况了。第一，一般生产执行人员并没有按时在线打卡，即迟到或早退；第二，值班期间，一般生产执行人员在较长一段时间内没有任何工作行为，最后集中发布诸多信息，即批量处理理应在几小时内完成的任务；第三，一般生产执行人员在工作中出现任务遗漏、环节缺失等问题，导致任务目标未达成或工作流程推进中断等。对以上 3 种情况的解决，则要求生产执行层三级人员不定期开展对一般生产执行人员的抽查，诸如以 10 分钟或 30 分钟为"触发线",一旦该类人员触发该条件,便予以提醒,并根据触发时间出现的频次、时长予以更严厉的惩罚,配合具体措施和绩效考核办法等完成人员约束。

(3)一般生产执行人员需"临时加班"怎么办

当一般生产执行人员提出"临时加班"时,通常需要生产执行层三级人员进一步核实,具体可围绕"临时加班"的必要性以及是否需要协调额外支持等进行。此外,还需甄别导致此类"临时加班"的原因,一类如一般生产执行人员的工作效率导致其在规定时间段内未能按要求交付工作,另一类如具体任务在生产执行期间出现要求调整等使然。前者为"无效加班",需要造成该类加班问题的一般生产执行人员提升其个人能力;后者为"有效加班",生产执行层三级人员须及时协调更多的人力、物力,以保证任务生产执行的衔接性。

(4)是否允许员工私下调岗换班

如前所述,无论是自下而上还是自上而下制订出来的排班表,一经确定后便需要一般生产执行人员坚决做好落实。所以,通常情况下,线上办公团队应尽量避免一般生产执行人员私下调班、换岗等情况出现。生产执行层管理者需要提前把该行为的危害性向其说明,并制定临时换班的流程规则,保证任务正常执行。

## 4.1.4 企业在线办公执行层的考核机制

在在线办公模式下,管理层人员与一般生产执行人员见面的机会少之又少,且沟通方式多为线上文字交流、语音通话、视频会议等,因此,针对线上一般生产执行团队的管理与考核通常应比线下团队的相关机制更严格。在实际运行中,完善且精细化的考核管理制度不仅有助于对一般生产执行人员起到实际约束作用,而且有助于生产执行层二级/

三级人员了解生产执行任务的推进状态,降低沟通成本及提高团队协作效率等。此外,考核管理制度除了要注重结果导向,还要关注过程管理,只有两者双管齐下,才能做到管理与考核工作事半功倍。

通常,对在线办公考核管理制度的建设,其核心应围绕如何激活一般生产执行员工的自驱力,以目标为导向,过程上做好细节管理。其中,设立目标的方式因不同层级而有所差别,往往越是一线的员工,不确定性越大,从而对其过程管理需大于结果导向;与之相反,管理角色更重的中层人员,由于其自驱力更强,自律性也更强,因此对其结果导向管理需大于过程监督与考核,如图4-6所示。

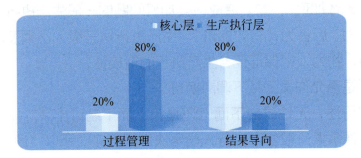

图4-6 核心层与生产执行层的考核管理侧重对比

综上,针对生产执行层中不同层级的在线办公人员,横向可开展对比性考核,纵向则为分级分类考核。就考核制度制定的方向来说,既可聚焦于排班"轮班"中工作状态及工作结果的考核,也可在更大时间尺度中,如对月度工作成果、季度综合发展,乃至半年度人员能力的考核等。就在线团队具体可采纳的通用考核机制如图4-7所示,包括面向一般生产执行人员的基础考核机制与自审机制;面向生产执行层三级人员的任务需求方满意度考核与任务质量管理考核、能力分级认定考核及月度考核机制等;面向生产执行层一级人员的人员结构优化机制考核、人员效率优化机制考核和成本精细化考核等。

图 4-7 在线办公生产执行层通用考核机制

### 1. 针对在线办公一般生产执行人员的考核

基础考核机制即面向一般生产执行人员中的"新手",以明确其在任务生产执行中的注意事项,规范其日常工作状态。此类考核频次通常以某单一班次为最小单位,考核指标可围绕班次内的响应速度、交付频次、交付要求、交付质量、效率效能等制定。

此外,自审机制同样面向一般执行人员展开,主要指在任务生产执行期间,一般生产执行人员需对自己的工作成果负责,即对其所有工作交付物把好第一道关,并做好跟踪记录。制定此类考核机制的目的则是为了让一般生产执行人员重视自审,而后再由生产执行层三级人员对其交付内容进行二审,确保任务达成。如果一般生产执行人员对其交付物持散漫态度,那么势必会给生产执行层三级人员造成更大的审核压力,从而使得工作效率趋低,项目运行成本趋高。

#### 一般生产执行人员的自律性培养

在搭建一支在线办公团队的前期,通常由管理层二级和三级人员制订工作流程、安排任务,而后默认生产执行层三级和一般生产执行人员会严丝合缝地按照流程推进各项工作。但是,往往在实际工作中,仍有很多问题暴露出来。

其一，在同一工作时间段安排多个任务时，会出现个别任务遗漏等现象，从而导致整体交付延迟；其二，在生产执行层一级和二级人员看来"轻松"的工作，却在一般生产执行人员完成时反复出错；其三，一般生产执行人员碍于时间紧迫，因此常常在任务完成后未能"自审"，从而导致工作交付满意度受挫；其四，一般生产执行人员于线上进行交接班时，由于交接不清楚，使得上个班次的"重点"和"问题"等未能在下个班次中及时同步，导致工作问题二次出现。

因此，伴随在线办公团队建设的成熟，特别当团队人员达到一定规模时，越是涉及基础生产执行环节的内容，越需要制定量化、细化、标准化工作要求，以及强调自审自查的重要性。除制定各类考核外，还需加强对一般生产执行人员自律性的建设培养，形成团队生产执行的良性循环，逐渐规避上述问题。

### 2. 针对在线办公生产执行层三级人员的考核

首先，任务需求方满意度和任务质量管理两项考核主要面向生产执行层三级人员（项目经理），考验以结果为导向，其核心则在于了解此级人员的任务交付能力、沟通协调能力、生产执行经验能力、问题解决能力、复盘总结能力等多方面综合实力。这不仅是对其考核的指标，更是在线团队对此级人员培养的目标。通常此类考核随任务周期而定，对每项考核内容进行量化后，再由生产执行层一级人员对每个生产执行层三级人员进行打分。

此外，在实践中我们发现，生产执行层三级人员的能力建设是整支在线团队核心竞争力所在，特别对规模尚小团队中的该级人员的能力认定，如果不够清晰准确，则容易造成培养方向性偏差。基于此，可对生产执行层三级人员的考核在前述两项基础上进一步予以优化，加入能力分级认定考评。该考核可以季度或半年为周期，以"答卷＋实操"多种形式相结合，具体考查内容则主要源自其在过去一个工作周期内的任务要求和工作目标等。该项考核还可获得两个额外收获，即能将上个季度或半年度中不同生产执行层三级人员遇到的个性化问题、行业新变化等进行总结复盘，继而归纳成经验教训，一方面反哺到下一个工作周期，另一方面同步给尚未遇到该类问题的同级人员，从而促进共同进步。

### 论分级认定考核的困难和初衷

如前所述，一支完整的在线团队往往由多个不同的"小组"构成，而不同"小组"又分别由不同的生产执行层三级人员负责管理，最终归口到生产执行层一级人员处统一协调。在此过程中，伴随独立"小组"数量的增多，生产执行层三级人员的数量势必也会增多，而其工作能力水平则势必也会出现参差不齐等问题。这构成了对生产执行层三级人员分级认定考核的首因。

开展此类分级认定考核的第一个困难则在于如何用统一的一套考核标准评估所有生产执行层三级人员？毕竟有诸多现实困难摆在面前：一如在线办公团队的最小组织单位是"小组"，且每个小组的管理者都呈单线状向管理层二级人员进行工作汇报，因此从管理层三级（生产执行层一级）开始，每个"小组"就已处于"因人而异"的个性化运行状态。再如每个小组的工作任务和目标各具特色，因此，即便有工作要求和方式技巧的培训与交流，但是在实际工作过程中，每位生产执行层一级和二级人员仍有很多各自的管理差异和习惯，由此又出现了"因事而异"的个性化问题。更有甚者，虽然所有生产执行层三级人员也会集中参与同一个生产执行层一级人员组织的例会，但是彼此之间能单独开展深入交流的机会则比较少，因此，即便有某位生产执行层三级人员分享管理技巧，在其他同级项目经历的管理中也会出现水土不服等情况。

此外，开展此类分级认定考核工作的初衷又是什么？针对生产执行层三级即项目经理级人员开展此类考核评估，其初衷是杜绝"老母鸡式"管理心理，即让生产执行层一级人员对生产执行层三级每位人员的能力水平形成客观、动态认知。在线团队运行中，常常有生产执行层一级人员认为项目经理级人员尚待磨炼，且与其花时间指导该级人员解决问题，不如节约精力，缩短问题解决的时间，从而自行先予以解决。这导致的后果是项目经理级人员在任务生产执行中一旦遇到问题，第一时间不是想着如何解决问题，而是只想到尽快向上级求助。由此长久下去，就会出现前文介绍的"问题猴子"现象，即生产执行层一级人员在具体事务中插手了本该下一级人员该做的工作，不但抗下所有压力，而且可谓"操碎了心"，同时让原本有能力、有潜力成长的项目经理级人员也未得到应有的历练，从而无形中拖慢了其成长速度。

那么，该基于怎样的逻辑推进此类分级考核认定？通常可参考"打怪升级"模式，即遵循由简单到复杂的规律。具体到生产执行层三级人员的考核，可根据其与生产执行层一级或二级人员的分工，如围绕团队内任务的理解、生产执行与交付等职权范围可控的工作，构成对生产执行层三级考核的重点；而一旦涉及团队外的资源协调、任务变更等非其职权范围内的工作，则需循序渐进地加入对其的考核范畴。基于该种模式下培养的项目经理，其业务能力均可以在同一套标准下予以横向对比，既有助于个人了解自身能力在团队中的水平位置，也有助于生产执行层一级人员有针对性地优化团队人员结构，细化人员成长要求，从而使得整个在线团队得以均衡发展。

项目经理级月度考核机制也是面向执行层三级人员的考核项目之一。实践中发现，在线办公环境在某种程度上不可避免地会出现员工"摸鱼"情况，即便不是常态，但的确偶有发生。为了让生产执行层三级人员对负责的任务始终保持高度责任心和生产执行热情，且对不断拓展新任务保持强烈欲望，因此通常会对上述以季度或半年为周期才开展一轮的能力分级认定考评辅以生产执行层三级的月度考核：一是在更高频次和更短周期中激活生产执行层人员的自驱力；二是基于公平且公开的考核结果，让各个生产执行层三级人员能有意识地认识到尽管其处于线上办公状态，但自己仍处于一个大团队中；三是避免这类人员发展成只会应试答题和纸上谈兵的"项目经理"。

考核内容可以是生产执行层三级人员在团队培养，特别是新人培养方面的工作，以及具体承接任务数量等量化指标，不同在线团队需根据各自工作内容和具体情况丰富考核维度。而考核结果和每月的排名结果也可与生产执行层三级人员的职级晋升和薪资调整产生直接联系。

### 3. 针对在线办公生产执行层一级人员的考核

人员结构优化机制是针对管理层三级/生产执行层一级人员的一项要求和考核，即需要该级人员结合其管理团队的一般生产执行人员规模、生产执行层二级和三级等优势人员规模及能力水平、负责任务的难易程度及数量等，做出对团队人员结构综合实力的自评，进而通过规划团队内分级人才的规模与比例，保持团队人员结构的合理性和稳定性。在此机制下，考核方则是管理层二级人员，需由其对考核结果进行水平评定和后续工作优化指导。

在实际运行中，管理层三级人员及其在线团队的建设往往需要从零开始，因此团队的人员配置，特别是优势人员的配置往往不能一蹴而就；且就团队中每个人的能力均衡发展诉求来说，也是偏理想化的要求。因此，管理层三级人员往往需要切实面对人力资源问题，如人员能力资源不均、人才结构断层、人员流动甚至突发离职导致的人员结构性空缺等。在解决这些问题上，我们在以往的在线团队运营中也积累了大量经验。

首先，对于人员能力资源分布不均，甚至人才结构断层的问题，建议团队强化对人员的针对性培训，即需要面向不同能力水平的人员设置与之匹配的培训内容，而不是用一套培训策略应付所有人员。如此简单粗暴类培训，如果培训深度不足，则不利于把优势人员培养出来；而一旦培训深度和强度过大，又容易打击一般生产执行人员的上进心。比如，经各类前述各项考核后发现，当前团队中初级项目经理级人员数量偏多且占比偏大，而中级项目经理级人员出现结构性断层。基于此，对该团队的培训则需要重点围绕初级项目经理级人员展开，一方面给那些有潜力的初级项目经理级人员提供更有难度的工作任务，从而使其逐步得到锻炼。当然，通过该种方式展开培训时需注意的是，生产执行层一级或二级人员在必要的时候需从旁协助，以避免给培训对象造成过大压力，从而导致其扛不住压力而选择退缩，甚至造成人才流失。另一方面,针对那些能力和潜力均欠佳的初级项目经理级人员，则可以由高级项目经理级人员先行对其展开理论水平提升类培训，继而在时机成熟后开展前一类实训锻炼。

此外，除了对人员培训需要因人而异而设外，生产执行层一级人员还需对人员存在断层类风险进行提前预判和预防。其中"预判"以日常任务生产执行、人员交流等为基础，即要求生产执行层一级人员与生产执行层三级人员等优势人员保持沟通，以了解每个优势人员的心理状态，从而确认该类人员对团队、工作的认可度及个人职业规划等。而"预防"则是在人员势必会出现流失的假设条件下，提前做好储备人员的培养，并预留充分的岗位熟悉期。

人员效率优化和成本精细化考核是在线团队运行较为成熟后，为促进团队整体降本增效而设置的两项考核，其被考核对象则是生产执行层一级人员。首先，该考核要求生产执行层一级人员须在团队日常管理中，以每月为单位，根据团队内的人员工时和任务生产执行工时，结合当地标准时薪等数据，计算团队的人力运营成本；进而基于项目收益情况和一般生产执行人员的人力运营成本情况，对团队进行每月收益和支出的精细核算；最终基于当期数据指标而在下一轮工作周期中优化团队运营目标。

这项考核不仅是对生产执行层一级人员的周期性工作结果考核，更主要的是对其对日常团队内各项任务的实时把控度的验证。此外，基于当期数据开展的未来团队优化工作也是动态进行的，而其调整周期也以月度为单位。此类"团队优化工作"则体现在方方面面，小到如基于某个生产执行任务的人力资源安排和班次工时分配，以及基于多个并行生产执行任务的人力资源组合，以保证一般生产执行人员的工作效率及饱和度；大到如基于不同团队人效比横向对比，从而掌握平均人效比，继而对待重点考察和培养人员予以重点关注，并对不同在线团队的人力资源规模配置上线和下线予以量化制定。

需要注意的是，此类团队优化工作频次不宜过大，且需要循序渐进推进，否则将徒增团队内耗。如在优化"镶嵌式"排班时，不同一般生产执行人员在生产执行不同的工作任务时，每次优化调整势必需要其投入时间了解新工作和新要求，势必会增加对其的培训频次及时间成本的投入，如此则在一般生产执行人员和生产执行层三级人员双重面上增加了运营成本，既拉大了整个团队的成长周期，又降低了团队总体的工作效率。

## 4.2　围绕在线办公"事"的运行机制建设

### 4.2.1　在线办公任务运行模式

前文内容均围绕在线办公团队的生产执行层人员展开，重点就其人才结构的规模、设置、日常管理和考勤考核等体制机制的建设进行详细说明。就在线团队任务的执行、落实和目标的达成，我们团队同样结合以往实践，形成如下经验。

任何一支基于在线办公模式下运行的团队，均需结合其所处行业的特点、工作任务的构成和要求、人才结构与优势等，形成专属的一套运行模式（以下简称"模式"）。该模式的摸索与建立是在线团队能否可持续运行的前提。通常，在线办公任务的运行模式可以根据团队的特点、工作任务的构成和要求，以及人才结构与优势等因素划分和分类。以下是几种常见的在线办公任务运行通用模式（见图4-8）。

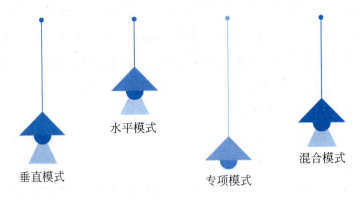

图4-8　在线办公任务运行通用模式

其中，垂直模式适用于具有明确职能和专业性要求的企业。在垂直模式下，团队成员按照职能和专业领域划分，各自承担特定的任务和责任。这种模式下，团队成员可以充分发挥各自的专业知识和技能，实现高效的协同工作和任务交付。水平模式则跳出专业领域的禁锢，强调团队成员之间的平等和协作，每个成员在团队中承担相似或相同的任务和责任。该模式注重团队成员之间的密切合作和沟通，强调团队共同目标的实现。这种模式下，团队成员之间的互相支持和协作能力至关重要。

还有一类是专项模式，适用于特定项目或任务的团队。通常，该任务的需求较复杂、生产规模较大、资源投入较多，且灵活性要求较强。在专项模式下，团队成员根据项目的性质和要求，组成专项工作小组，专注于完成某特定任务。专项模式注重团队成员的任务协调和紧密合作，以达成项目的目标和交付要求。而混合模式则是将垂直、水平和专项模式等多种模式相结合的一种形式。在混合模式下，团队根据工作任务的性质和要求，灵活组合和调整团队成员的分工和职责。这种模式兼顾了团队成员的专业能力和团队合作的需求，能适应不同类型任务的变化和挑战。

需要注意的是，不同的在线办公任务可能适用不同的运行模式，具体的模式选择需要根据团队的实际情况和任务需求进行合理安排。同时，随着在线办公的发展和变化，新的运行模式也可能不断涌现，以适应不断演变的工作环境和需求。结合以往的经验，下面重点介绍"垂直模式 + 水平模式"的一种混合运行模式，该模式既可保障在线团队多项任务推进的流畅性，即保障任务分配分发的合理性与科学性，又可保障团队任务生产执行的高效率性和完成度。为了更好地了解此种混合模式，又将其细分为"一对一"模式和"一对多"模式两类（见图 4-9）。

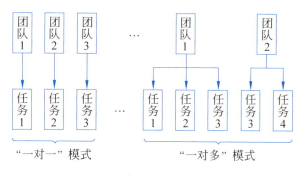

图 4-9　在线团队运行模式

"一对一"模式，顾名思义，即由一个在线团队生产执行某单一任务。此处的"一个在线团队"可能是整支在线团队，也可能是在线团队中某个最小单位"小组"；"单一任务"并不是指任务内容本身构成很单一，强调的是项目编号或任务需求发出方的"单一"。如前所述，由于在线团队通常以多个最小单位"小组"并列运行，因此建议在任务生产执行过程中优先启用此类"一对一"模式，即由一个"小组"履行某"单一"编号下的生产执行全流程。如此安排，既有利于任务目标达成的职责分明，也节约了"小组"间的沟通协调类沉没成本。在该类"一对一"模式下，任务的生产执行方仅需在生产执行层中完成"三级"人员配置，即一般生产执行人员、生产执行层三级人员和生产执行层二级人员。

伴随生产执行任务的体量、复合度及难度的提升，具体表现出需求分散、任务支线繁杂、目标要求高且达成难度大（如定制化需求和个性化要求较多）等特点时，则需将专一生产执行团队由生产执行层三级统筹下的"小组"升级至管理层三级统筹下的规模团队，乃至管理层一级统筹下的整支在线团队。其人力资源配置也将突破生产执行层限制，伴随统筹人员的提档升级而牵扯更多的层级进入。当然，由于此类任务的生产执行属多人、专人式服务，因此需要对其规模成本投入与收益予以重视，特别对于管理层三级以上统筹的规模团队，须格外做好事前评估和过程跟踪。

"一对多"模式，即由一个在线团队交叉生产执行多个任务。在此模式下，多个任务间彼此具备类型相似、难度相对较低、人力投入相对较少等特点。启动该模式，多出于人力资源优化考量，即团队可有效利用不同任务的时间差，结合任务交付周期、人员经验等，优化组合并行推进多项任务，如此既能保证各个任务保质保量完成，也能确保线上工作人员的工作效率和饱和度。

以上两种分配模式可以兼顾在线团队的任务管理和人员管理，在实际运行中，可结合不同在线团队的具体任务要求而综合考量，最终都是为了优化管理、提升在线办公的工作效率、降低团队运营成本，保证在线办公任务生产执行的常态化运行。

## 4.2.2 在线办公任务运行机制

关于在线办公"事"的运行机制即关于企业任务、需求、订单等运行机制的建设。对此类事项关注的意义在于帮助企业提高任务执行效率，即通过建立合理的运行机制，明确任务的分配、流程、优先级和截止日期等细节，减少沟通和协调成本，使团队成员能够更加高效地完成任务。同时，运行机制的建立可以帮助团队明确任务的执行流程和责任分工，避免冗余和重复工作，从而提高整体的任务执行效率。另外，运行机制的建立还可以为企业具体决策和风险管理提供支持，如帮助企业及时识别和应对潜在的风险和问题，从而降低风险对任务执行的影响。

运行机制的建立也可帮助企业优化资源配置，确保资源利用能最大化，从而提升企业的整体运营效率和资源利用效率。运行机制的建立也可以提升任务的透明度和可追溯性，即通过明确任务的执行流程、进度和结果反馈机制，可以使团队成员清楚地了解任务的状态和进展情况，还可以通过记录任务的执行历程和相关数据，便于后续追溯与复盘，从而为团队的学习和改进提供有价值的参考。

本书以任务执行的时序为基础，分别梳理了在线任务管理的三项准备工作、在线任务实施的两个步骤、在线任务执行的中期复盘与在线任务的结项管理 4 方面，如图 4-10 所示。

图 4-10　在线团队任务实施的时序管理内容

1. 在线任务管理的三项准备工作

在线任务管理是确保团队成员高效协作和任务顺利完成的重要环节。在进行在线任务管理之前，需要进行三项准备工作：任务的评估、任务的理解和任务资源的配置，如图 4-11 所示。这些工作的顺利进行对于任务的顺利进行和团队的协作至关重要。

图 4-11　任务执行的前期准备工作

任务的评估是在线任务管理的起点。在任务评估阶段，团队需要对任务的复杂性、紧急程度和资源需求进行全面的评估。通过对任务进行细致的分析和评估，可以确定任务的优先级和时间安排，为后续的任务分配和资源配置提供依据。此外，任务评估还能帮助团队识别任务可能面临的挑战和风险，并提前做好相应的准备和应对措施。

任务的理解是确保团队成员对任务目标和要求的准确理解。在在线任务管理中，团队成员可能分散在不同的地理位置，因此确保任务的准确理解尤为重要。团队成员需要通过有效的沟通和协作，确保彼此对任务的理解一致，并明确任务的具体要求、目标和交付时间。通过清晰的任务理解，可以减少任务执行中的误解和偏差，提高工作的协同效率和质量。

任务资源的配置是在线任务管理的关键一环。任务资源的配置涉及人员、技术工具和其他支持资源的分配和安排。团队需要根据任务的性质和要求，合理安排人员的参与和分工，确保团队成员具备所需的技能和能力。同时，选择适当的技术工具和平台，为团队成员提供协作和沟通的便利。此外，还需要考虑其他支持资源，如培训、资金等，以确保任务顺利完成。

综上，任务的评估、任务的理解和任务资源的配置是在线任务管理的三项重要准备工作。通过充分评估任务、确保任务的准确理解和合理配置任务资源，团队能有效协作，提高工作效率和保证成果质量。这些准备工作的顺利进行将为在线任务管理奠定坚实的基础，助力团队顺利完成任务并达成组织目标。结合我们的实践经验看，以上三方面工作还需注意以下事项。

（1）任务的评估

线上办公与线下办公在任务评估环节有很大不同，其中特别就具体任务的理解来说，前者不可避免地会频繁出现理解错误或理解偏差。如此理解错误或偏差等问题，不仅限于在线生产执行团队内部，还存在于整个企业所有跨部门间，乃至于与任务需求方间的沟通。特别伴随越来越多的干涉方处于在线交流模式下时，如此理解熵值将呈等比性增长，且如此理解熵带来的便是一系列恶性循环，严重者将导致整个任务生产执行的失败。因此，作为在线运营的一支团队，面对众多不同的任务时，且众多任务的理解、评估干涉方均处于线上交流模式时，能否建立一套符合本团队业务风格且能顺利完成项目承接与生产执行的流程，则变得至关重要。

具体就任务评估的要求和流程来说，可将任务分为全新任务和既有任务两类，通常对前一类任务的评估流程和要求远比对后一类任务更严谨。具体当新的工作任务进入生产团队之前，需要由商务部门（销售或市场人员）人员首先向该生产负责团队提出任务评估需求；继而由该生产执行团队中经验较为丰富的工作人员开始对任务进行首轮评估，且此类评估通常建议由专人负责；对于一些定制性较强的任务内容，则需要干涉双方在首轮评估基础之上展开二次交流，以在生产执行内容、要求、成本和目标等各方面达成一致认知。既有任务的评估则相对简单，在以往生产经验基础之上，对变化予以重新评估即可，因此往往不需要二次交流。

（2）任务的理解

上述流程仅完成了在线团队的内部评估，而该评估结论能否与任务的发起方（通常为甲方任务需求方）同频共振，则构成了"任务理解"。"任务评估"是"任务理解"的前提，因为通常情况，在任务统筹人员/生产执行人员与任务需求发出方之间，往往夹着"中间人"，且中间人由一重或多重人员构成，一重多为如前文所述的在线团队商务部门（销售或市场人员）一类内核人员，多重则包括了渠道合作方、经销商等一类外核或次外核人员，如图4-12所示。因此，任务评估是任务生产执行方与该中间人的连接，在此基础上，任务生产执行人员方能继续延伸与任务需求方的连接。

如此烦琐的流程背后的原因是什么呢？因为在一支在线团队中，与任务需求方最先接触的肯定不是生产团队，因此其天然对任务的构成、要求并不了解。上述"中间人"作为与任务需求方最先接触的对象，往往在与之接洽的前期，对任务内容的诸多细节和执行标准，双

图4-12　任务评估与任务理解的管理

方已经达成共识。但是,"中间人"并不是任务执行的最终人员,因此,为了避免给任务需求方留下在线团队内部信息同步不及时等印象,则要求"中间人"和执行负责人务必扎实推进"任务评估"等准备工作,从而切实保障信息同步与同频。所谓好的开头是成功的一半,"任务评估"则是"任务理解"乃至任务取得成功的一半,因此其重要性不言而喻。

此外,生产执行人员与任务需求方达成"任务理解"之前,事实上还需要额外开展"任务预理解"工作(见图 4-13),即生产执行人员为了在任务理解环节给任务需求方留下专业印象,将任务理解一锤定音,还需要在完成任务评估后,掌握任务内容和标准要求等"内涵",进一步还需要对任务需求方所处行业、任务需求方的组织定位等"外延"展开开源情报分析,以深入了解该任务发起的背景、初衷、场景和作用。在此之后,对任务干涉内容都梳理一遍后,大概率还会有很多待确认的事项或疑问,由此则伺机与任务需求方发起正式沟通。在该环节还需要注意双方沟通的方式与方法,在线办公模式中最忌讳的便是"沟通无痕",因此通常此类重要沟通建议均通过正式项目启动会开展,将前述所有干涉方协同起来,并以文字形式形成会议纪要,以避免各干涉方在后续生产执行中出现认知模糊或不同步等现象。

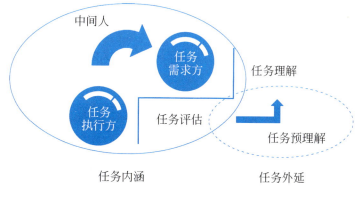

图 4-13 **任务预理解**

另外,当"中间人"是外核人员时,该注意什么?如图 4-12 所示,由于"中间人"是任务执行方与任务需求方(任务交付对象)的桥梁,因此,一旦该中间人员非团队内部员工,或生产执行方始终不得与需求方直接推进"任务理解"环节时,则容易引发系列负面效应,从而拖延任务的执行与目标达成。对此,结合我们的实践经验,建议在线团队遇到此种情况时,注意如下事项。

第一,了解该外部中间人的专业素养,具体表现为其对任务内容的理解、任务要求的传递等是否准确。通常,当该中间人并非行业业内人士时,极易造成上述信息转述和传递的变形与失真。对此,最佳解决方案则是要求任务执行统筹人员结合其专业能力和习得经验,在中间人提供的信息基础之上进行任务内容的补充与要求的辨别。

第二,如果此类"中间人"角色因能力限制等原因,着实无法有效协助生产执行方完成任务评估工作,甚至对任务需求方的真实要求说不清道不明,仅可以提供部分猜测性表述时,则需要双方梳理清楚问题列表,从而由中间人在与任务需求方的再次沟通中予以解答。

第三,如果出现生产执行方始终不得与需求方直接推进"任务理解"环节,则建议团队穷尽办法实现此双方去"中间人"的交流。结合团队真实经历认为,在线项目中的任务平稳生产执行的重要前提便是信息对称。

### "中间人"参与下的交流不畅问题

早在 2020 年第二季度,我们团队当时进驻了一个新任务,该任务的特殊之处在于生产执行方未能完成任务评估与任务理解两项连接,在其完成与"中间人"的连接后,始终未能穿过该角色,与任务需求方直接沟通。当时负责该项目的生产执行层三级人员小方(化名)在接受这个任务前,并没有此类经验,乃至整个在线团队也没有此类任务经验,所以对当时当下面对的"中间人",其管理下的各方并没有给予足够警惕，如前文所述的三项"注意事项"均忽略不计。

那么，按照一般任务的执行周期，任务评估和任务理解以及任务磨合期通常可在2周内结束。然而，这项任务的上述3项工作足足推进一个半月仍未取得满意结果，期间接收到任务需求方发出的多次不满投诉。事后我们总结发现：

团队的执行统筹人员始终只能与非本团队内部员工的"中间人"开展各项沟通，未能接触到任务需求方，所有的交流信息均来自"中间人"的传达，直到在两周后的三方复盘会上才得知，前述任务内容和执行标准均来自"中间人"的单方面理解，而其理解也仅源自任务需求方给出的几项基本要求，因此，当其业务能力有限时，其单方面理解则仅表现为"多就是好"这一基础层面，从而使得团队的交付物始终不符合需求方使用场景。

找到问题症结后，为了尽快优化项目执行，我们在三方面提升了任务复盘的频次，从每三天一次提档至每天一次，并要求"中间人"如鹦鹉学舌般原封不动地转达任务需求方的需求，最终经过一段时间的调整，项目才得以逐渐稳定。

（3）任务资源的配置

企业于在线团队任务执行前的资源配置通常包括人力资源，具体如指派多少规模的人力，与之匹配的人员有哪些，从而确保团队成员具备执行任务所需的技能和能力。人力资源的分配还需要考虑团队成员的工作负荷和时间安排，确保任务分配合理并能顺利完成。此外，还包括时间资源，涉及任务的起止时间、截止日期，以及任务阶段的时间安排。分配时间资源时，需要充分考虑任务的紧急程度、优先级和可行性，确保任务能够按时完成。另外，还有物质资源的分配，对于在线办公来说主要涉及所需的设备、软件等。与物质资源对应的是信息资源，包括任务生产相关的数据等。根据任务的性质和要求，当然，财务资源也是前期需要精细梳理的资源之一，明确任务执行预算、资金等，以便企业合理投入，控制成本，保障利润。

在企业实际运行中，对某项具体在线生产执行任务的商务谈判不属于生产执行团队工作范畴，但其需要对合同得以签订后的任务执行、目标达成、品控等负全责。因此，在上述资源配置中，人力资源配置无疑构成各类资源的重中之重。对此，结合我们的经验看，预配生产执行团队中的哪些人，以及该人员的工作职责和岗位内容由什么构成等事项构成了"生产执行人员预配"环节的首要工作。那么，该环节所预配的关键执行人员——也是需首先完成预配的人员——即项目经理级人员，即如前所述的生产执行层三级负责人。因为通常当某具体任务在团队内部流转到生产执行部门，且进行到任务分发时，虽然一般生产执行人员是生产的一线和主力，但是该类人员往往不负责任务需求的对接和系列准备工作，因此"人员预配"最终的落点其实就是项目经理的配置。

在此之前的论述中，其实已经多次提到项目经理级这一角色在生产执行团队中的重要性。通常，具体项目的项目经理需要负责落实任务需求中所规定的所有服务项，如图 4-14 所示，包括对任务需求的理解对接，制订生产方案和执行计划，对生产执行内容的细节予以梳理、培训，并完成任务交付与质量保障等。

具体来看，项目经理制度则要求项目经理接到任务后，需要第一时间梳理任务需求明细，准备与任务需求方做首次需求沟通工作；并在了解任务需求的详情后，进一步完善工作手册，对内做好一般生产执行人员的培训工作；而当任务生产执行至中期时，面对任务需求方提出的需求，项目经理需要判断该需求是否在任务执行范围内，且就团队能否生产执行予以明确；当任务执行出现问题或障碍时，项目经理则需要从多方面协调资源，从而予以针对性解决。一旦该职级人员

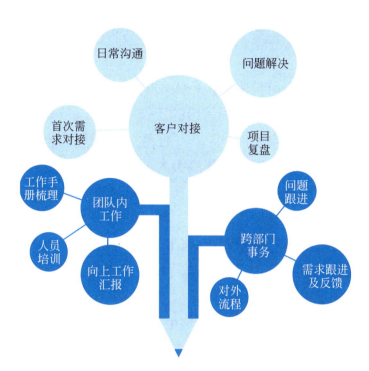

图 4-14　任务执行前预配置项目经理的岗位职能

遇到无法解决的问题时,则需向执行层一级——主管级提出协助申请,完成问题解决的闭环工作。综上,项目经理在任务进驻执行生产部门的这一过程中,扮演了任务目标达成的第一负责人,也是任务理解的第一对接人。

2. 在线任务实施的两个步骤

(1)任务实施第一步:任务分级

对于在线办公团队人员,需要非常细化的分级管理;同理,对于不同的工作任务,同样需要做到精细化的分级管理。工作任务分级,顾名思义就是要将团队所有生产执行的工作任务,按照一套既定的规则予以分级分类,继而向下分发并落实生产执行。通常,在工作任务分级标准的制定中,需要综合单个工作任务的服务周期、人员配置规模、交付物的体量与紧急程度，以及是否存在节假日持续生产执行等多个维度。

　　工作任务的分级可与生产执行人员的分级互相对应起来，即不同等级的管理人员负责统筹不同等级的工作任务，以及配置不同层级的生产执行层人员，从而做到"人"与"任务"的合理匹配。遵循该原则，可将在线工作任务分为三级，最高级为 A 级，对应负责人需是管理岗三级（生产执行层一级）及以上人员，是前述典型的"一对一"模式类任务，此类任务具有项目经费足，经评估后人力资源投入较多，甚至需要专人专项服务，需求对接端口在 2 个以上，交付内容要求高且有在一个交付周期内交付频次较高等特点。次之是 B、C 两级，通常由生产执行层二级和生产执行层三级人员负责统筹即可，其中 B 类任务需配置一名专职项目经理级人员负责任务需求对接及过程沟通，因此对人才配置的专业度要求相对较高；而 C 级任务毋庸置疑是"一对多"模式类任务，此类任务一般预算非常有限，或为短期或临时性任务，因此通常无须额外考量人力资源的配置，甚至仅通过优化班次等即可予以生产执行落实。

　　（2）任务实施第二步：任务分发

　　任务分发即指在线团队接到多个具体任务时，在完成任务分级认定后，基于任务适应的运行模式（或遵循前述任务运行的通用模式，或遵循本书重点介绍的"垂直＋水平"等混合模式），确定任务具体分发至哪个"小组"，以及完成资源的各项配置（如由哪些人员统筹和哪些一般生产执行人员参与落实）所进行的规划与管理。基于任务生产执行的效率考量，具体分发方式可遵循以下几项原则。

　　一是如果新增的工作任务与在生产执行任务所处行业或内容相同或类似，无论干涉工作任务的等级判定如何，都建议予以归一，即将新任务与此前任务合并生产执行，特别在一定周期内，并行生产执行的工作任务往往在百量级以上，且在生产执行的众多任务中，有很多任务之间存在包含与被包含或并集的情况。如此分发有助于最大限度激发生产执行人员的既有业务素养和任务的效率和复用率。二是以在线团队最小单位"小组"的业务方向、经验积累为出发点，确定任务类型后，分配其至与其相同或经验相近的工作组，再根据任务等级在该工作组内配置对应能力的统筹人员和生产执行人员。

3. 在线任务执行的中期复盘

"复盘"是围棋术语，指在棋局结束后，双方棋手对棋局的重新回顾，期间棋手多关注对弈过程中的落子位置与得失变化。联想创始人柳传志曾阐述他对复盘的理解，他认为，复盘就是将当时"走"的过程重复多遍，思考为什么要这么走，下一步应该怎么走，通过复盘能避免重复犯错误，能知道团队的强弱项，便于合理分工，能磨炼内心，能知道如何才能做得更好。[1]对此，不难发现，复盘已成为对前期工作/学习的总结与回顾的代名词，而吸取经验，规避已出现的错误，提高之后工作的效率与质量，成为复盘的重要目的。

复盘作为对前期工作的总结与后续工作的启下，是工作中的重要环节，虽非线上办公的专属，但应当时常贯穿于各类型的办公活动中。值得注意的是，复盘的方式并非一成不变，且方式也无法决定效果。那么，方式的选择与场景的变化密切相关，线上连线、线下同步、线上线下同步进行这些都是工作复盘可选择的方式。

（1）常规复盘技巧

常规复盘多针对日常工作的复盘，具备出现频率高、完成速度快、无非常规问题等特点。对于常规复盘，因其发生的高频率，许多员工会将其视为对自身工作量的增加，并不愿意认真对待，也难以从中得

---

[1] 柳传志.复盘：最好的学习方式[J].新远见，2013（7）：59-61.

到收获，因此，如何让员工真切地感受到复盘的价值，更加乐意主动参与其中便成为重点。对此积极调动引导师（上级）与企业组织的作用便凸显。[1] 至此，对于此类复盘行为而言，如何快速地明确复盘目的与价值，总结复盘结果并使其能运用到此后的工作中，十分重要，这里引入一个复盘技巧——"GRAI复盘法"，这是一种常用的复盘方法，能快速帮助工作组人员完成复盘，并从中获得可运用的规律。

"GRAI复盘法"共包括4个环节：Goal、Result、Analysis、Insight，即进行目标回顾，明确工作的目标与期望；结果评估，与项目初期制定的目标对比，总结当下的成果的亮点与不足；过程分析，对结果评估得出的结果进行主观与客观原因的分析；规律总结，通过以上分析寻找更加有效、符合本质规律的做法，以便高效完成后续的工作。[2]

（2）问题复盘技巧

问题复盘则更多地注重对工作中出现的问题的复盘，是一种针对特定案例的复盘，通过对已发生问题/案例的复盘，能提高个体、团队以及企业对待非常规事件的应对与处置能力，实现发现、纠错、成长这一行动链条[3]。在这类复盘中需要透视问题/案例产生的原因、责任对象、解决方法，从而避免或降低同类型问题再发生的风险。但需要注意，复盘不是定责，应当避免将复盘与考核挂钩，只有这样才不会在问题复盘过程中出现推诿抱怨与批评指责等不利于复盘的现象，才能突显问题复盘的意义与效果。[4] 4F动态引导反思法是一种应对问题复盘时较为便利的复盘方法。

---

1 邱昭良. 如何在组织内推动复盘 [J]. 中外管理，2017（6）：90-93.
2 程广华. 如何进行项目复盘 [J]. 中国内部审计，2019（8）：91-93.
3 佘廉，郑琛. 非常规突发事件案例复盘的危机学习方法 [J]. 华南理工大学学报：社会科学版，2016，18（2）：84-92.
4 王建庆. 再谈复盘 [J]. 张江科技评论，2022（3）：54-57.

4F 动态引导反思法来源于英国学者 Roger Greenaway，由 Facts、Feeling、Finding、Future 共 4 个 F 构成，即通过事实，通过摆事实讲道理，回顾已经发生的真实情况，在这一过程中强调对事物的不批判；感受，指问题发生后相关人员的主观感受，通过对主观感受的了解，判断问题的影响；认知，强调通过客观存在的事实，分析并发现问题出现的原因，从而解决问题；选择，明确对待此类问题或与之相关的类似情况该如何反应。

4. 在线任务的结项管理

与线下办公相同的是，在线上办公中也需要进行任务结项，但不同的是，线上办公中的任务结项所涉及的资料、交付方式等内容更多需在互联网中进行。

（1）交付物整理

当在线任务结束后，便需要将相关资料按照交付要求进行整理并交付，交付过程需要依据前期双方约定的交付方式进行，而在在线办公活动中这一过程多通过网络进行，虽然当前网络的稳定性与可溯源性已得到完善，但仍需要对交付的相关资料进行备份，以备不时之需。此外，任务的结项时间往往在项目开始前就已有明确的规定，因此在进行交付时应注意交付时间的把控，尽量做到交付时间前置，以便应对可能出现的各种不确定因素，并向任务需求方展现公司的时间观念与时间把控能力，在完成交付后，也可通过邮件或内部系统向任务需求方确认交付结果，确保交付不出差错。

（2）结项报告

在任务结项时，除了提交相关的结项证明资料外，往往还要撰写结项报告，而在结项报告的撰写过程中将涉及各个维度，对每个维度在书写过程中的把控，也关系到结项结果。多数结项报告包括项目背景、项目信息、项目所获得的主要成果、项目计划与实际情况的对比、项目维护建议、申请结项理由共 6 个维度。其中需要注意项目计划与实际情况的对比、项目维护建议、申请结项理由这 3 个维度的撰写。在项目计划与实际情况的对比部分，需要根据实际情况进行撰写，避免"文不对实"；在项目维护建议中，则需要按照项目类型评判是否需要撰写，其中产品开发类、维护开发类以及合同开发类项目必须进行撰写；在申请结项理由中，除了要对正常结项理由进行说明外，如涉及异常结项，则需对此进行说明。除了需要注意结项报告的维度外，结项报告中的格式及要求也需要格外关注。

（3）结项会

结项会是结项过程中的总结与评价的会议，在线办公中结项会多于线上举办，会议人员由双方公司项目相关负责代表与专家评审共同构成，在结项会中，项目负责方需要提交相关结项材料与结项说明书，在线办公中多通过邮箱或内部系统及时性材料的提交，并就项目内容向任务需求方及专家评审进行信息阐述，回答双方提出的相关问题，最终由专家及项目任务需求方针对负责方所提供的材料、阐述及回应的质量，评判项目成果是否达到结项要求。

## 4.2.3　在线办公任务实施难点与解决

在任务生产执行过程中，生产执行标准的制定、生产执行流程的梳理、任务工作手册的撰写、一般生产执行人员的培训等都是非常重要的环节，且此类工作的有效开展，有助于管理者对各项任务、各个环节均能做到有记录、有痕迹、可回查、好把控，有利于大幅提升团队的生产执行效率。结合我们的在线管理实践经验，形成了从任务正式开始生产执行以来的 7 点"诀窍"，以促使在线生产执行有序开展。

1. 磨合期的设立

所谓磨合期，指的是任务正式进入生产执行环节，但因为是生产执行的初期，因此在任务需求发起方和任务执行方之间还需要一定的"磨合"，即双方在一次次任务的执行与交付中形成一个个从不满意到满意、再到调整，与进一步满意的进阶式任务目标达成闭环，如图 4-15 所示。

图 4-15　磨合期的正向循环过程

一般对于磨合期的设立，根据不同的任务特点各有不同。对于短期的项目，则磨合期越短越好，从半天到一周较为常规，从生产执行要求上也需要花更少的时间在双方的磨合上，这也要求双方的沟通更为频繁密切，保证信息同频；对于常规性年度周期任务，最初的磨合期一般为一到三周，期间会对交付物的版式样式、内容维度、交付时间、磨合中新发问题进行调整，当然也有磨合相当顺利的情况，提前结束磨合期；至于难度较高、人员参与较多、对接端口较多或作为第三方的合作的年度周期任务，磨合期一般为一个月到两个月不等，在磨合期中基于常规项目的基础上，可能还会有更高的优化要求，比如大量的人员熟练度培训工作及陆续的新增任务需求等。

## 2. 工作手册制作

工作手册制作是项目经理一级从任务开始前直至项目结束一直围绕项目进度调整的重要内容，对于生产执行人员来说就是指导性文件，同时也能协助管理者快速全面地了解生产执行团队的工作内容，这也同样意味着这份手册具有敏感性，一般要求非任务相关人员不传阅，防止任务信息外泄。

手册的内容需要尽量全面，按照我们团队的要求，一是介绍项目背景，包含任务需求方所处行业、行业背景、行业定位、领导人、产业线、产品线等详细信息，以及任务拟解决的问题、场景、用处等。二是说明生产执行的形式，包括但不限于生产执行交付的内容、时间、形式，且需要附以样例加以说明。三是介绍交付要求与细节，如注意事项、重点关注点、细节要求等，以上内容可方便生产执行人员了解工作重点，切实体会需求方对生产执行内容的期许。四是任务执行过程中已经暴露的问题，特别当生产人员间存在交接班时，需对任务执行的进度等予以充分说明，让接班的生产执行人员面对新问题时事先有一个预期。五是结合过往经验，预测生产过程中可能出现的各类问题，并提供应对解决方法。六是对注意事项和保密要求的说明和强调，如图4-16所示。

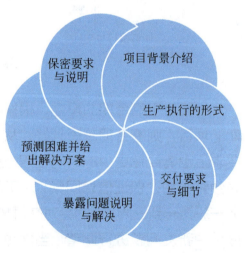

图 4-16　工作手册的六类内容

## 3. 任务岗前培训

任务岗前培训是在线团队任务生产执行的重要环节，相较于线下，线上培训需要通过第三方介质来沟通，双方需要注重沟通的技巧，避免沟通上的理解差异。线上培训除了沟通差异问题外，还有培训时间长的问题。团队人员培训工作不仅是为了培养一个能生产执行的人，对于线上运行的团队来说，从培训开始，尽可能地为团队培养项目经理及以上级别的人员，这样才能不断巩固团队组织架构，保证团队任务平稳生产执行，保证团队长期发展。培训工作一般分为以下4个阶段。

第一，人员在线办公的意识和纪律性培养。为保证项目平稳运行，从生产执行的角度来说，一般新人进组首先是对线上工作的形式和工作习惯培训，在新人面试阶段而会对其初步介绍在线办公这一模式，但是因为没有实际到岗位上体验，特别是一些从来没有接触过在线办公的人员，那么就要求在其开展生产执行具体任务之前，需要对此种办公模式的各项要求予以说明。以研究院的实际情况为例，线上办公要严格按照班次出勤，且需要实时在岗，在岗期间5分钟内需要及时线上回应，如果出现缺岗的情况，会做相应的处罚；还有就是人员需要对个人出具的交付内容质量负责，一旦出现问题，会直接找到责任人对内容负责。类似以上这种线上工作的要求，是任务生产执行的前提。在线工作的团队纪律要求培训完后，后面的内容培训才会事半功倍。

第二，任务内容培训。培训方式为直播培训、工作手册培训、电话培训、录播视频培训、线上实操答疑等形式（见图4-17）。根据不同的培训内容，可以采用不同的培训形式。

图4-17　任务培训与形式

对于新人培训，特别是一些日常工具/系统的使用培训，可以直接采取录播视频培训的形式，录播视频培训的形式不仅可以节约大量的新人培训时间，也可保证新人培训内容统一化、流程化，从而提高培训效率。对于实操内容的培训，则可以采用录播视频后，辅以工作手册指导实操的形式，工作手册的制作需要详细到每个步骤，保证新手也能上手的程度，在看完生产执行步骤的视频后，再自行根据练习内容实操巩固生产执行基础。而对于一些项目中的优化经验培训或者是拓展性培训，建议采用直播培训的形式，此类培训主要针对老员工或者熟练工的思维拓展，除培训外，还需要为员工答疑解惑，培训也具有一定的互动性，直播培训也可以在线连麦，大家共同讨论，这样培训效果相对较好。针对不同的培训内容和形式，整体培训完后，需要设定一个反馈的周期，比如任务内容的培训完成后，在三天到一周内检查人员的掌握情况，根据不同的掌握情况再采取针对性培训方案，最终需要在制定的常规培训周期内完成人员培养工作。

　　第三，中期审核及带新能力培养。这部分培训工作主要针对在团队中已经成长了一年及一年以上的人员，主要培养的内容是任务内容审核、沟通对接需求以及带新人的能力，这种能力的培训区别于项目经理的培养，但也是为了给团队储备新的项目经理做准备。首先是在团队中挑选人员出来进行特定培训，这部分人员需要对现有任务的生产执行已经毫无问题且擅长思考，会运用经验解决部分经常出现的问题，这就具备了项目经理的基本潜质。接下来的培训可以经验培训为主，从过往的"错题库"中找到尽可能多的案例，以直播形式逐一讲解。在这部分培训中，还需要强化指导流程解决问题的方式，整体提升人员的思维方式和解决问题的效率。通过以上培训，再将这部分人员投入岗位中，协助审核任务及带下一批新人，从而释放部分项目经理的压力；同时也有利于新任务进驻时，项目经理能有更多精力和能力去承接，提升团队的整体工作效率。

第四，在线任务管理培训。这类培训主要针对项目经理以上级别，需要进一步培训项目经理对任务的把控能力，主要包括了解任务用人情况、需求进度，以及生产执行人员问题汇报时的解决技巧。这类培训基本融于日常，项目经理每周可与主管开一次任务汇报会，不同的项目经理可分享各自处理问题时的方式，由于团队承接的项目具有一定共性，因此项目经理以上级别的信息互通是很重要的，与其说是培训，也可以说是周期性的互通会议，保证团队核心人员的管理技巧都是最新且同步的，尽力避免信息差导致问题解决滞后。

整体来说，线上的内容培训要做细，只有足够细致，才能减少各级执行人员询问的时间成本，而人员培训则要放宽，宽的是内容的广度。最后是下放管辖的权利，尽可能地放手让各级人员去锻炼，如此一松一紧方能保证培训工作的高效性。

4. 项目经理日志撰写

常规任务以项目经理常态化对接即可，偶尔会有一些相对复杂的情况。项目经理日志与任务工作手册有所不同，手册主要是为了指导生产执行人员，而项目经理日志主要是为了解决在生产执行中遇到的急难险重的任务情况。

项目经理的日志需要有明确的时间规划，日志就是每天都需要记录的，大到任务整体，即需记录整个任务生产执行要求，如需要对外交付的内容、数量及时间节点，以及当前的沟通交付情况；小到日常工作安排，即需要记录清楚当天需要交付的内容、对新内容的要求与任务需求方沟通的事项、昨日未解决问题的解决进度，以及其他易遗漏的细节事项等。

形式上，项目经理日志一种是由项目经理自行撰写形成日志内容，另一种则可以通过在线同步编辑的形式，由各部门项目经理在线更新最新进度，总项目经理统筹汇总即可。此外，项目经理日志可每天向任务需求方汇报，一方面可以体现远程工作团队对任务的重视程度，另一方面也可体现工作安排的合理性，提升任务需求方的满意度。

### 记录面对"零容忍"任务需求方时的应对经历

年初时，团队承接了一个需要多人多部门协同完成的任务，任务需求方对团队的要求基本就是"零失误、零容忍"，对于一个新领域的新任务来说，类似项目的经验是需要一定时间磨合的。起初，对于不同部门的交付物，会有不同部门负责该任务的项目经理沟通对接，后来任务需求方要求只能有一个对接人沟通且需要负责统筹团队所有的交付内容。面对不同领域的专业壁垒，项目经理每天除完成自己分内的工作外，还需要对接其他部门，了解相关事项推进的进度和问题以及解决方式，跨专业领域的内容也要尝试去理解，便于向任务需求方汇报进展。即便项目经理尽力协调，仍然很难避免因为沟通的时间差或者顺序问题，导致交付物推进出现问题，致使任务需求方问责。任务需求方每天会将自己的问题按需要解决的顺序列出明细，项目经理再根据需要解决的问题顺序进行跟进并汇报，为了尽快让任务需求方满意，调整被动局面，项目经理每天会主动列明需要跟进的事宜，指导这个团队沟通协作，这样的工作方式不仅保证了工作有序推进，也提升了服务质量，项目经理日志的工作方式就以工作要求的形式在团队中沿用下来。

案例：

××项目经理日志日常模板

2022年××月××日

1.今日预计交付内容

　　1）×××报告，负责人××；

2）××××样本，负责人××；
  3）…

2. 今日待确认事项：
  1）×××文件，负责人××；
  2）…

3. 昨日待解决的问题进度更新
  1）…

4. 其他事项
  1）…

5. 工作流程复盘与再梳理

在线任务生产执行流程的梳理，这里主要针对的还是常规交付性的任务流程梳理。而人员工作流程的梳理可以帮助生产执行人员在有限时间内厘清工作顺序，完成尽可能多的工作内容，让工作有条不紊地开展，也可以尽可能减少无效人员的开支，降低运营成本。从任务内容及任务组合的角度来说，流程梳理主要分为三类。第一类为单一任务、多种交付、单人完成的情况，这种情况人员一个班次内仅生产执行一个任务，对应的任务需求方对生产执行人员需要交付的内容是非常清楚的，可以直接与任务需求方沟通好各项任务的交付先后顺序，保证单人能够完成，另外也要考虑不同交付物之间的延续性，避免重复工作；第二类为单一班次、多个项目、单人完成的情况，一般为生产执行人员在一个班次内，需要生产执行多个项目，对接不同的任务需求方，那么这种情况下就需要分清主次，可以根据交付时间确定任务完成的顺序，也可以根据单任务的工作量划分生产执行顺序，一方面是确保人员班次内的交付物有序提交，另一方面是保证人员单班次的工作饱和度；第三类为单一任务、多种交付、多人完成的情况，这类相对复杂，单一班次内多人协同完成一个任务，共同服务一个任务需求方，工作的流程安排需要兼具不同生产执行人员各自同时进行的工作内容，又要考虑人员工作之间的延续性和衔接性，再根据不同工作之间的交付节奏梳理工作流程，让工作动线高效运转。以上所有的工作流程安排最终都要经过主管一级或主管一级以上人员的审核，确保工作安排的合理性。

6. 项目需求变更记录与执行

即便是在常规办公场景下，项目生产执行过程中需求变更也是经常会碰到的问题，而在当下高频的线上沟通的在线办公场景中，需求变更的应对方式也因所面对的需求内容的不同而方式各异。一般对需求变更应有几个预设的前提，需要综合考虑需求变更的时间节点、变更内容是否还属于合同范围、变更内容与初期沟通确认内容的变更幅度及影响、变更的合理性等。在考虑完以上这些预设的前提后，需要与任务需求方确认的是变更的目的，以及这种变更是否能达到重点预计的目标。基于以上项目变更中常见的问题和预设情景，根据团队的实际经验，按照生产执行的项目类型给出不同的应对方式。

特别于项目测试阶段，在双方正式合作之前，需求方可能要求团队展示经验及相关能力。在这个阶段，一般主要是基于样本或开展测试，可初步呈现出能力经验即可。在测试之初，与任务需求方沟通好生产执行内容的时间和最终提交任务的要求。通常在该阶段要求变更内容是在原有基础上延长服务周期或者增加样本数量等，此时则需看延长的合理性，以我们所服务的行业为例，一般常规项目生产执行周期以年度为单位，测试周期一般为一周左右，基本一个事件在网络传播的周期也为一周，那么经过一周的配合、响应、专业便都可以体现，如果继续延长周期或者增加测试样本，对于任务生产方来说，则是一种生产浪费。

### 7. 在线协同驻场办公

协同驻场办公，顾名思义，即生产执行方为了更加高效地了解、掌握并解决任务需求方需求，让相关办公人员入驻任务需求方。对于协同驻场办公而言，最大限度地提高办公效率是其最终目的。其中，基于办公距离因素，协同办公又可分为到场协同与远程协同两种，到场协同即相关工作人员通过出差等方式，人为缩短物理距离，到相关公司进行办公协作；而远程协同则是通过各类协同办公软件，实现办公人员的异地办公协作，这一协同方式的高效性与实用性在疫情期间被竭力呈现。协同驻场办公出现是对不同办公需求的响应，在实际的在线办公过程中必不可少。

针对此类协同办公，需注意以下问题。首先，是驻场办公中的沟通，即使是在线办公，沟通依旧是办公中的重要环节，这里的沟通包括驻场人员与任务需求方的沟通，以及与本团队的沟通两部分。在驻场办公的沟通中，驻场人员需要积极与任务需求方沟通，实时了解任务需求方的需求，并及时进行项目进展的反馈，这不仅有助于提高任务需求方的配合度，也有助于提高任务需求方对本执行团队的认同感与信任度，实现双向、友好的合作；同时，驻场人员也不能忽视与本团队的沟通，及时反馈办公进程、需求，便于本团队掌握驻场工作的进度，进行整体工作安排与调度。其次，是驻场办公中的资源衔接问题，在办公过程中，基于驻场人员人数与类型的限制，当驻场人员入驻任务需求方后，可能出现与资源衔接不匹配的状况，这时便需要驻场人员根据需求向本执行团队内部寻求人员或技术的支持，此时便可通过委派新的工作人员到场解决或通过使用远程操作软件辅助问题解决两种方式。

第 5 章

# 企业在线办公的避坑指南

05

## 5.1 在线办公"人"不能忽视的问题

围绕在线办公执行层人员的管理需要面对很多现实问题，如在人员招聘环节，用人方会面临难以吸引和选拔适合在线办公人才及无法准确评估候选人的在线工作能力等难题。再如人员培养环节，企业既缺乏面向求职者在线办公技能培训的窗口与机会，又面临在线团队成员之间难以直接面对面交流，知识和经验的传递受限等客观困难。再如，在人员的晋升管理中，结合在线办公的特点，企业需要重新定义分层多级人员的晋升标准，继而制定科学合理且针对性较强的评估体系；同时还需注意人员晋升的不公平现象。

除上述问题外，在线办公执行层人员还可能在以下环节的管理中出现问题（见图5-1）：一是在线办公中任务分配与人员协调这一关键环节。如果任务分配不合理或协调不到位，可能导致任务执行效率低下、资源浪费或任务冲突。二是沟通与协作事宜。在线办公涉及虚拟团队成员之间的沟通和协作，缺乏有效的沟通和协作机制将导致信息不畅通、团队合作效果不佳。三是绩效评估环节。在线办公中，如何准确评估执行层人员的绩效是一个挑战，且由于无法直接观察到员工的工作情况，评估标准和方法需要进行适当调整和优化。四是如第

4章重点介绍的人员成长与发展。由于在线办公环境不同于传统办公环境，因此执行层人员需要具备特定的技能和能力。如何进行有效的在线培训和发展，以提升执行层人员的专业素养和职业发展，是一个在线团队管理层需重点关注的环节。五是团队凝聚力和文化建设。在线办公涉及跨地域、跨时区的团队合作，缺乏面对面的交流和接触。因此，如何建立良好的团队凝聚力和企业文化，以促进团队的凝聚力和归属感，同样是一个需要重视的问题。

图 5-1 围绕在线办公"人"的管理痛点

通过充分结合团队实践经验，我们总结出了针对在线管理的各个重点环节和难点的管理心得，以期为其他团队提供有益的借鉴和参考。最重要的是，我们坚信在线管理需要不断适应和创新，灵活应对不同环境和挑战，保持学习和适应能力的持续提升。这些管理心得的应用将有助于提升在线团队的绩效，继而成功实现业务目标。

## 5.1.1 引起质疑的招募工作

1. 应聘者往往对公司的正规合法性持怀疑态度

在大众的普遍认知中，很多人将线上办公与自由职业者、兼职工作等联系在一起，因此当求职者看到我们的招聘启事上标注着"线上办公"和"弹性时间"时，他们常常会对工作的性质和内容产生疑问。他们会询问这份工作是否属于临时借调，工作时间是否自由或者是否需要夜班，工资是按日结还是按月结，是否有五险一金等。当我们告知他们这是一份全职工作，需要每天8小时在线办公时，他们会对为什么要在线上办公，而不是传统办公产生疑惑。我们需要以通俗易懂的方式解释清楚，使他们理解在线办公的好处和工作的性质。

公司是不是不正规，是否为皮包公司？

公司有没有实际办公地点，是否为了方便随时跑路？

公司是不是规模很小，租不起办公室？

工作内容是否违法？

工作后会不会不发工资？

……

尽管我们的企业信息在招聘网站上已经得到认证，但仍然有人对岗位的真实性和合法性表示怀疑。这导致在与求职者进行初步交流时，人事部门需要花费较多的时间证明我们公司的合法性。通常我们会通过发送实际办公地点的地址、简单介绍公司情况，以及提供官网地址等方式打消他们的疑虑。

初步沟通后，到面试阶段，由于我们的招聘不受地域限制，所以面试通常也是在线上进行的。然而，我们发现这种方式一定程度上加深了求职者的怀疑。无论是语音面试，还是视频面试，求职者无法亲眼见到公司的环境、规模和员工情况，他们会持续怀疑公司存在的真实性。我曾经遇到一个同城的女生，经过约半小时的线上面试后，我们充分沟通了工作内容、要求和福利待遇等问题，约定了入职时间。然而，她突然提出希望能先线下参观一下公司，再考虑是否入职。我给她提供了具体地址后，她花了半天时间实地查看，尽管最后因其他原因未入职，但这种疑虑是所有求职者的首要反应。对于本地求职者，他们可以亲自去公司求证，但对于外地求职者来说，他们无法投入相应的时间和金钱进行实地考察，如此也会给企业造成不同程度的人才流失。

即使在签署劳动合同的最后阶段，仍然有人心存疑虑。对于在设有线下办公场所城市的求职者来说，他们可以选择亲身走入公司，完成合同签署等，但对于非线下办公设立地区的求职者，所有流程都只能在线上进行，包括确认合同内容、填写个人资料等。总之，尽管在线办公方式在大众中逐渐普及，但仍有许多人对其产生疑虑和不信任。作为企业，我们需要以通俗易懂的方式解释在线办公的好处，并尽力消除求职者的疑虑，以建立信任和透明度。

2. 招聘者受限于在线面试的几方面

与此同时，于用人单位来说，在线面试也存在一些弊端。如无论采用语音、视频等哪种线上面试方式，招聘人员均难以全面了解面试者，比如无法直观地感受他们的精神面貌，以及面对询问时的身体语言和回答状态等。甚至面试人是否本人，于招聘人员来说都构成了未知数。我们曾经需要尽快招聘10个人，因此面试官也由多人扮演。其中，一名应聘者通过面试进入试用期，但由于其无法跟上项目培训的节奏，无法胜任岗位工作，因此不得不终止合作。不久后，该名应聘者通过更改姓名和简历，再次联系了我们本次招聘工作的另外一位负责人，由于面试官不同，他也隐藏了真实信息，于是在通过第二次面试后再次进入项目培训环节。然而，该位求职者经过第二次的尝试，被再次证实与岗位要求匹配度较低，且在统一培训过程中，培训负责的人员也发现了该应聘者系前培训人员之一。此外，线上面试也不便于招聘人员开展实时笔试，毕竟事后提供的笔试结果，甚至无法确认是否由应聘者本人所写。

此外，面试交谈中涉及的一些机密内容，如薪资待遇等相关信息，也会让企业担心信息泄露。毫无疑问的是，在线面试放大了这些问题可能出现的可能性，也增加了雇主和求职者之间的不信任感。

3. 在线面试招聘环节的优化与提升

针对以上问题，我们优化了招聘和面试流程。我们制定了人事初筛沟通的指南，所有面试都采用视频面试的方式进行，对入职人员的身份进行严格核查，并启用了岗前培训、入职考核等措施。通过流程优化，一方面规避了可能出现的风险；另一方面，如此专业、严谨且完整的招聘流程，也让求职者得以进一步了解其未来工作的岗位，进一步建立对公司的信任感。

除开展前述优化策略外，我们还通过"内推"这一招聘形式，助力在线团队成功打破了线上招聘所引发的不信任感等问题。具体在招聘需求明确后，我们会在团队内部呼吁员工将拟招聘岗位需求推荐给身边的人，如朋友、同学、亲属等，并承诺其在推荐成功后将获得"伯乐奖"。这一举措迅速激发了员工的分享和推荐热情，往往可以在较短时间内收到数量颇丰且岗位匹配度较高的简历。当然，员工之所以愿意向身边人推荐拟招聘岗位，本身也是出于对公司建立的信任感和归属感。之所以此类应聘者的岗位匹配度较常规招聘者更高，是因为推荐人作为同类岗位的从业人员，其对目标岗位有一定了解，因此也会提前将公司、岗位的基本信息介绍给应聘者。如此这般，则在很大程度上减少了后续面试环节的沟通成本，也在更大概率上能助力企业招募到目标人员。

## 5.1.2　如何降低新员工的成长成本

员工顺利入职后，线上办公的管理工作则迎来了另外一个挑战——

入职培训。由于我们全面采用线上培训方式，沟通效率和培训方式的限制使得培训过程中的问题更加琐碎和复杂，同时新进人员的培养周期相对线下办公也需要更长的时间。那么，为了方便新员工更好地学习和消化岗位知识和任务要求，企业往往需要提供丰富多样的培训材料，包括详细的操作文档、产品介绍和全流程操作视频等。此外，也可以由老员工通过直播等形式，向新员工开展培训。尽管如此，实际情况证明仍然会在新员工的培训环节出现许多意想不到的问题。

1. 新员工培训中的教训与问题

回想我们刚采用线上办公模式没多久，那时在一个体量较大的中型项目中急需完成新进人员的增补与培训。那么，当人员招聘工作完成后，由于生产执行的任务重、时间紧，因此能为新进人员开展专职专项培训的人员几乎没有，使得当时的员工培训仅停留在管理层三级人员"抽空搞一搞"的水平。于是，在新进员工进入岗位后的两周内，首先由其本人结合项目手册等文件材料完成项目自我理解和学习，其次由管理层三级人员开展间歇性视频录制讲解培训。在对新员工的培训结果进行验收测试时，果然发现该批新晋员工对前期学习内容的掌握程度较差。对此，管理层三级人员再次以视频会议的方式，又对其进行了第三次的项目培训。不尽如人意的是，在第二轮新员工的培训结果测试中，发现其此前的问题依旧存在。

耗时近三周，培训效果却不尽如人意。针对该问题，我们进行了复盘，发现在针对新员工的整个培训过程中，管理层三级人员作为项目的负责人，虽然提供了对应的培训材料，也进行了多次讲解，但由于其培训时间不集中，日常又忙于具体事务，因此对新员工学习、培训的效果无法做到全程跟踪、全程评估。与此同时，新员工的学习状态也无法保证，甚至在此类员工的培训中曾出现直播培训无人应答或人员"消失"等情况。综上，如我们在线团队某项目经理所表示，"线上培训效果只有线下培训的 70%",这个数据也许不精准,但或多或少可以反映一些实际情况。

2. 新员工培训考核制度的建立

此外,出现更多的问题是,新员工在培训中乃至培训测试中均反馈都听懂了、学会了,但一到实操就"露了馅",表现为不能履职尽责。总结教训后,我们启用了新员工培训考核制度,即根据项目难易程度、投入人力工时,再结合项目经理以往培训经验,为具体项目/任务制定不同培训周期,确定集中、连续的培训时间,并在过程中完成培训效果的闭环管理和应用实践。

我们将在线团队新员工的培训过程划分为 3 个阶段(见图 5-2)。其中,第一阶段为期 3 天,培训以岗位基本技能和基础知识的讲解、分享为主,我们通常会安排负责培训的老员工任培训讲师;培训讲师会提供一些未来工作任务的样本,要求新员工学有所用,进行由简到难的实践练习;同期,还将进行限时考核,以评估被培训对象的知识掌握程度。通过为期 3 天的第一阶段集中培训与考核,团队便能筛选出与岗位基本匹配的目标人才,且筛掉了那些想要钻空子、浑水摸鱼的机会主义者。

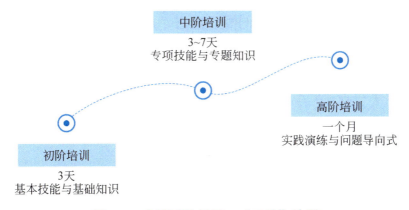

图 5-2 在线团队新员工"三阶"培训

在第二阶段，我们将具体项目的培训学习安排为 3~7 天，具体时长取决于项目的难易程度。同样，我们依然采取先培训后考核的方式。通常，在本阶段后期考核中，我们会安排新员工进行岗位工作的实际操作，即直接参与项目和任务执行，且将考核的重点放在他们对岗位要求、具体任务的理解能力方面。最终，通过观察他们的完成度和工作效率，可以直观地判断该新员工是否真正掌握了任务要求和项目要点。在线办公培训不可避免地也会出现一些投机取巧的情况，如 A 员工交付的考核内容与 B 员工完全一致。然而，由于该阶段的考核项并非客观题，也没有唯一的答案，因此只能剔除这两位员工。

进入第三阶段时，新员工将独立负责执行项目的某部分，培训期限为一个月。在这个阶段，老员工会继续提供指导，但更多的是为新员工解答问题。新员工的个人能力将在实际的项目执行中得以展现，我们主要评估他们独立解决问题的能力。

上述 3 个阶段的时间周期是根据我们在线团队的多数执行任务和项目需求而制定的。对于复杂任务来说，新员工的培训时长可能需要设定为 3 个月左右。无论培训考核制度被分成几个大阶段，且每个大阶段内的分目标阶段又被设定为多久，需要注意的是，无论大环节还是小环节，凡培训必考核是检验培训成功与否的关键。整个过程从培训到验收，需严格按照时间表推进，从而有效地控制新员工成长成本。

### 5.1.3 人才的培养与晋升难题

1. 在线办公人员的"不自知"和"不他知"

工作一定时间后，成长迅速又上进的员工非常渴望得到晋升。这时他们面临的主要问题是，除了对自己所在岗位或小部门有所了解外，对企业的整体架构、业务线发展等其他情况均不甚清楚，因此这会在客观层面和心理层面对其成长路径、职业规划造成双重压力。例如，在我们团队，对于大部分员工来说，除了必不可少的协作交流外，各自只顾自己岗位工作内容的执行，彼此间几乎没有多余的线上交流，这使得其不仅对本小组的内部构成，还对公司其他各部门均处于"盲盒"状态，甚至一度出现"坐井观天"的情况。

如曾经有一名员工，工作能力比较突出，个人责任心又强，属于同批新进员工中的能力佼佼者。于是，他在参与在线办公的半年时间内，便从一般执行人员被提拔为项目经理。经过执行层一级主管的精心培养，结合个人努力，其很快便可胜任该岗位。不久后，他便向其所在工作小组的负责主管提出晋升意愿，晋升职级为主管。然而，结合其当时的能力情况来说，他不仅没有达到晋升，而且在与项目经理同职级的横向对比中仍略逊一筹。当他接收到来自上级的如此反馈后，表示非常诧异，且表示不能接受。后来，经过与主管深入交流后，该员工才知道，原来其所处的整个在线团队承接的在执行总任务数多达400个，其中与他同级的项目经理人员就有四五十人，其中他所负责的项目规模尚属于中等偏下水平。最终，该员工意识到自己的能力、资历还需要进一步提升、积累。

2. 开展在线办公人员线下交流的必要性和做法

通过调研发现，如此"不自知"与"不他知"情况于在线办公团队来说属于常见问题。尤其是基层员工，其对企业方方面面的认知均存在不足，对所处团队的发展无法形成长期画像，甚至对个人职业规划也没有清晰目标；同时，企业下发的制度、通知等文本信息对其来说，也只是一纸公文。那么，针对该类问题，我们围绕如何加强员工之间、员工与公司之间的联系，开展了一系列初见成效的交流会。当然，由于该问题是在线办公弊端之一，因此未来还需更多针对性的管理方法予以优化解决。

如定期开展线下交流会，不限于交流人员的规模、构成。如小规模类线下交流可在企业组织架构的最小单元组织内开展，视为组织例会；还可指定具备某种属性的员工参与交流，如组织的管理层一级人员与新进员工的见面会，或以生日、入职周年为条件的员工交流会，以及基于特定任务的解决与优化的头脑风暴会等。中等及中等以上规模的线下活动如当月获得某类表彰的优秀员工代表的交流见面会，面向整个在线团队的线下大型"网友见面"会，以及基于集体学习和培训引导下的线下会。无论哪种规模的线下会，都要保证见面交流的充分性，既要有从下至上的反馈，也要有从上至下的价值观引导，从而实现整个在线团队的知行合一；还要保证见面交流的丰富性，或是项目生产执行的经验之谈，或是任务需求方服务的优秀案例分享，或是团队管理优化的具体方法，再或是当下或未来一个阶段内的公司发展。

3. 在线办公人员激励制度的构成要素

有效的激励机制，不仅是企业日常管理工作的任务之一，同时也是吸引人才、留住人才的迫切需要。有效的激励机制能调动人的积极性、主动性和创造性等。企业激励从不同的维度可分为不同类型，比如按照激励对象，可分为群体激励和个人激励；按照激励方式，可分为物质激励和精神激励；按照激励时效，可分为即时激励和延时激励等，具体分类不一一道来（见图5-3）。

除此类常规企业人才薪酬激励制度要素外，建议在线团队将"临危受命"作为人才晋升和激励的重要因素和必要条件。过去几年的在线办公历程中，我们多次碰到重要、困难项目的挑战，而迎接此类挑战的最大难题便是人才的短缺和及时补位。

| 激励对象 | 激励方式 | 激励时效 | 激励方法 |
|---|---|---|---|
| 群体激励 | 物质激励 | 即时激励 | 正向激励 |
| 个体激励 | 精神激励 | 延时激励 | 负向激励 |

图 5-3　企业激励的分类

2021 年，我所管理的在线团队成功中标了一项大型企业的项目，预计整体执行需要配置近 50 人。为了解决这个问题，我们主要采取了两个策略：一是迅速启动紧急人才招聘工作，动员企业总部和所有分公司的人事团队，不限地域地开展目标人才的招募。一周内我们便收到超过百份的简历，经过初步筛选后找到符合要求的基础生产执行人员。二是延续"内推"制，通过提高推荐奖金的金额，以快速吸纳岗位匹配人才。

这两种方式在当时可谓收效甚佳，短短半个月的时间，我们便成功招聘到了所需的基础生产执行人员。然而，更大的问题在于当时我们团队中具有如此规模项目执行经验的人只有个位数，尤其缺乏出色的项目经理乃至管理层三级人员来承担项目总负责人角色。由于该项目的规模着实庞大且难度较高，因此畏难情绪在已有项目经理中普遍存在，以至于没有一个项目经理愿意跳出舒适区，接受该挑战。

对此，在线团队的管理层经协商后果断决定采用"重赏之下必有勇夫"的策略，为该项目的项目经理岗位设置了更多的激励措施，从而面向整个在线团队悬赏招募项目经理。这一措施旨在吸引有能力的人员鼓足勇气承担其岗位角色。经过此一遭事件，我们后续更新了在线团队人才晋升的指标，将"迎难而上""临危受命"等价值观植入其中，以进一步提高在线团队的响应度和协调力。

## 5.1.4　达成内、外核人员的有效协同

如第 2 章内容所述，在整个在线办公组织架构中，内核人员是组织的生产执行主体，同时外核人员扮演着"后备人员"角色。在日常工作中，不可避免地会遭遇内核人员不足，需要紧急借调外核人员辅佐乃至补位等情况。那么，当外核人员、外核溢出人员临时借调进入生产执行团队时，如何发挥后者的人才优势，实现不同架构人员间的良性互动则成了管理的难点。

解决此类问题的经验告诉我们，首先要在任务进来后，配置合适的生产执行团队，继而配置不同岗位人选，特别是项目主管和项目经理的匹配。一旦该配置完成，当某项目主管接到项目需求后，也就意味着任务正式进入启动执行阶段。这时候，主管需要做两件事情：一是任命项目经理。如前所述，项目经理是项目的管理者，是任务执行的核心人物，也是任务目标达成的关键。选择一个靠谱的、合适的项目经理可以大大缩短项目磨合时间，快速推进项目生产执行。项目经理人选确定后，主管要推进的第二件事情便是协助项目经理梳理项目的内容、范围，继而评估任务执行应当投入的时间和人力，其中人力部分便包括内核人员和外核人员。只有二者梳理好整个任务的生产执行流程，做到人力成本预算、物力成本控制等，才能确保工作顺利开展。

具体到项目经理来说，其职责包括了解任务需求方的所有任务构成，明确项目需求和所需资源，保证项目统筹各方的进度；此外，还需要选择项目组成员，指导任务执行的具体工作，从而确保项目完结与质量闭环。另外，于内核人员或外核人员而言，无论其在组织架构的哪个部分，作为项目组成员，均需一视同仁般地履行岗位职责，具

体包括以下内容：参与项目计划的制订、服从项目经理的指挥、执行生产计划的具体任务、保持与项目经理和项目组其他成员的沟通与工作配合等。

综上，围绕同一个生产任务时，首先要确保不同架构人员培训的统一性和连贯性，可借助生产操作手册或制定完备的培训质量评估制度实现这一管理目的。其次，在具体任务的分工与安排中，需结合任务的保密要求、执行难度而精细区分内核与其他人员，从而在效率、质量、保密等多方要求中寻求最大公约数。最后，完善非内核架构职工的激励机制，通过制定公开、公平、公正的考评制度加以实现。

## 5.1.5　人员流动率居高不下的原因

通过对多名在线办公离职员工的调研与回访，我们发现导致其离职的原因主要包括如下。

一是认为在线办公抢夺了其有效社交的机会。其中，性格活泼开朗且喜欢交际的离职员工表示，长期居家办公模式，让自己没有太多的机会接触同事，认识新的朋友，一定程度上限制了他们交际圈的扩展。其中还有部分员工表示自己原本有社交恐惧症，居家办公正好可以帮助其规避社交；但他们同时也表示，长此以往或导致社恐愈发严重，进而产生焦虑、抑郁等心理，因此选择终止在线办公。如曾经某员工在提出离职时表示，由于毕业后一直处于独居状态，且居家办公中自觉没有朋友也没有同事，因此交际圈变得非常有限。时间一久，自觉经常性对该种状况产生怀疑，随着焦虑情绪挥之不去，自觉已经没办法将工作和生活分开，且似乎与社会脱节，因此希望通过换一份线下办公的工作对上述"问题"加以调节。

针对此类情况与问题，我们采取了一些措施：如要求在线办公的员工，每周必须在线下空间参与例会，通过与同事的见面交流，更好地了解团队及其他成员的状况。当然，伴随在线团队人员逐步从一个省分布扩展至全国范围乃至全球范围时，线下交流的频次逐渐从每周调整为每月，直至转为线上视频方式。再如，我们要求团队在条件允许的情况下，多开展团建活动，各部门可自行组织线下活动，灵活安排聚餐或团建游戏等。通过以上各种方式，不断增强员工的存在感与参与感，增强团队凝聚力。

此外，还有离职人员表示在线办公过程中自觉难以做到强自律，即由于缺乏来自上级或同级的监督与沟通，便容易产生工作懈怠心理，甚至自觉荒废，于是想做出改变。针对此类问题，首先是让主管在日常开会过程中，多让基层员工发言交流，提升他们的参与感。另外，在岗位职责范围内不定期调整员工的工作内容，从而避免其产生工作厌烦和懈怠心理。此外，也会对员工高频说明每项任务开展的意义和必要性，使其清楚自己所创造的价值，从而助力其设定更高的职业目标和自我要求。

## 5.1.6 人员失联问题与制度化解决

新人正式上岗后，初期会遇到许多业务上的问题，但随着工作熟练度的提高，这些问题逐渐减少。然而，在线上办公环境中，与传统线下办公不同之处在于人员失联的问题。尤其是当班人员失联，尽管在线团队管理中设立了多项制度来约束，但由于缺乏物理办公环境的限制，对于管理者来说，人员的可控性成为一项管理难题。

在线团队人员失联问题通常表现为以下两类：一类是到了当班工作时间，发现执行人员尚未到岗，且没有进行工作考勤打卡，同时电话、社交工具均处于失联状态。对此，我们团队收到的理由诸如闹钟没响睡过头了、手机没电没接到电话、看错工作排班表了，等等。若是线下办公，因为需要通勤、需要面对同事及上级的面对面问询，因此一般执行人员会在工作日注重自我约束，规避此类情况。此种情况在该员工进入在线办公模式初期并不多见，随着在团队工作时间变长，少数不够自律的员工极易放松自我要求，频繁出现上述失联情况。

对此种情况，我们采用强化相关考勤制度加以管理，如要求其在上班半小时内完成打卡，若未提前完成打卡，则视为迟到，而一旦失联超过两小时则视为旷工半天，超过四小时则视为旷工一天。另外，如钉钉、企业微信等办公软件也能明确标注当班人员的在线状态，包括该员工是否在线，通过何种设备在线，以及其当下所处的物理位置等。基于如上精细化制度的建设，很快这种情况便得到有效控制。

当然，对于在线团队管理层来说，此种失联的原因是主观所致还是客观原因所致，需要仔细甄别。特别于后者来说，管理人员需要对一般执行人员提供援助和支持，协助其改善失联问题。在我们某支在线团队运行中，曾经出现过由于客观原因导致的员工失联情况。具体失联人员是一名项目经理，其在当班期间未打卡上线，也未回复任务消息，主管打电话联系未果。于是，项目组负责主管先将其工作安排给其他灵活执行人员，而后继续尝试与失联项目经理取得联系。半小时后联系仍未果，鉴于该项目经理平时工作非常负责任，又是处于单身居住状态，于是项目主管调出紧急联系人方式，查看其具体情况。经了解后才得知，原来是该项目经理前一天自觉感冒不舒服，但没有及时吃药治疗，于是夜里开始高烧昏睡，一直到同事来到其线下居所，敲门才将其唤醒。后来，在同事的陪同下，该项目经理及时得到治疗并康复。事后其本人和父母专门致电公司，感谢来自同级、上级乃至公司管理层的关怀和帮助。经过此事，对方也对公司、团队建立了更深的认同感和归属感。

第二类失联则是工作过程中的失联，且该类失联无论在发生频次、还是负面影响等方面均高于第一类人员失联。结合我们的运行经验看，常常表现为发布某个任务，发现工作群无人应答；或者一份原本应该执行完毕的工作，进度却卡在了一半。不管是项目经理还是主管，因为是线上办公，所以的确无法实时了解每个员工的工作状态，因此即便出现人员离岗现象，也不容易马上被发现。如曾经有一位主管在任务下达后的30分钟内无人应答，打电话询问当班人员后才知道，该人员擅自离岗，为的是接小孩放学。然而，在工作手册中，已明确要求执行人员在工作时段内不得擅自离岗，不得做任何与本职工作无关的其他事情。事后对其也进行了通报批评和处罚、培训。

## 5.2 在线办公"事"怎么做

在线办公过程中，涉及项目评估、生产执行和项目结项复盘等环节，这些过程中往往会受到许多人为主观因素的影响。然而，成功的事业需要一个协调合作的团队。因此，我们将重点讲述有效沟通、工作效率保证、团队协作和效能提升等方面的内容，以描摹在线办公中"事"得以做成的关键要素。

### 5.2.1 顺畅沟通是一个大难题

1. 在线团队内外部沟通的"嫌隙"与解决

在团队管理过程中，曾经有一位任务需求方向我投诉，指责某位项目负责人的工作态度不佳。然而，这与我对该位项目负责人的主观印象存在较大差异。经详细回访询问后得知，任务需求方之所以对该负责人持有负面观点，是因为其在每次线上交流回复时，习惯性使用如"嗯""好"一类非常简短的话术，从而令任务需求方觉得该项目负责人在敷衍该项目。此外，该项目负责人在日常工作沟通中，语言比较生硬，并且喜欢讨论辩驳，这也给任务需求方留下了不好的印象。实际上，这完全是由个人语言习惯导致的误解。经过进一步引导和沟通，该负责人迅速扭转了与任务需求方的语言习惯，并且凭借扎实的专业能力赢得了任务需求方的信任与好感。

在线团队不仅在外部沟通中容易出现上述问题，即便在内部沟通过程中，也出现过类似嫌隙。还有一次，在生产执行某项目时，当班的执行人员未能完全理解任务需求方的要求，从而导致生产执行出现质量问题。对此，项目经理在内部群通过追问问题原因后，及时给出解决方案，予以及时纠偏。在整个沟通过程中，项目经理出于对任务需求方的重视，秉承尽量缩短内部交流的时间，力争在最短时间内解决问题，于是以生硬、直接的方式让当班人员迅速响应，并按照其解决方法即刻整改工作。对此，从该名当班员工的视角看，由于整个过程发生得太快，"压迫感"充斥在内部交流群中，且由于项目经理对整改方法的原因说明并未予提及，因此使得该当班人员一度认为项目经理就是故意找自己的茬，针对自己，从而心生嫌隙。

项目生产执行结束后，主管了解了整个事件过程，分别找到值班同事和项目经理谈话，发现该项目经理无意针对当班同事，只是日常表述习惯较为强硬而已。同时，就此情况主管也和值班同事进行了沟通，说明大家的任何交流仅针对工作。对此，主管还在组内会议上专门强调，作为一支线上团队，任何交流的首要目的是任务、工作的展开与高质量达成；但正因为线上文字交流的局限性，交流各方需注意自己的措辞，对不同的用语习惯多一点包容，不要过度解读。

总体而言，沟通效果可按在线会议优于电话、优于语音、优于文字的顺序排列，因为在线沟通无法享受到面对面交流的优势，例如肢体语言和气味等副语言的支持，因此沟通效率大幅降低。而文字沟通由于缺乏语气，增加了信息编码和解码的难度，更容易引发沟通误解。因此，在沟通工作中，建议尽量采用视频、语音等方式，以避免产生误解。

2. 在线团队沟通低效与无力的解决

线上沟通效率通常较线下交流更差。通常，在复杂任务的理解、执行乃至交付过程中，均需要文字、语音结合电脑投屏汇报材料等多种手段，方能尽量在损失一定沟通效率的基础上确保沟通效果的达成。此外，在线团队的沟通效率低下，还体现在因办公时间不同而出现的时效性差、回复延迟等情况，导致整个沟通流程既漫长，又容易失真。那么，针对上述情况造成的信息滞后、沟通无力等，我们在线团队的解决办法在于以下三方面。

首先，明确任务执行全流程的岗位角色，且要求岗位职责分明。通常，在线团队在项目正式生产执行前，需要迅速组建项目执行团队，分工包括但不限于项目主管、项目经理、生产执行人员等。一旦确认各岗位人选后，项目经理根据任务需求方的具体要求和任务目标，形成一套个性化生产执行流程，其中需明确团队成员各自的分工与职责。与此同时，项目主管承担任务执行的整体把控与质量监督。项目生产执行开始后，各岗位人员各司其职，各环节下的每项工作均具体对应到人，责任到人，明确沟通的上下游对象。如此设计，即便在任务执行过程中出现问题时，主管也可以在较短时间内清楚知道问题的症结和责任人，继而精准沟通，推进任务高效执行。

其次，确立并贯彻高频、有效的沟通机制。在线办公的特殊性，使得采用该办公模式的员工须严格遵守企业的考勤等规章制度，如上下班按时打卡；工作时间段内确保电话、微信、QQ、企业邮箱及其他办公、社交工具均处于在线状态，且必须在指定时间（如 10~30min）内完成回复；工作期间内，要求各个项目内部交流群、任务需求方的外部沟通群均处于打开状态，严禁设置为免打扰模式，并且在信息已读后尽快予以回应。对此，我们团队制定了非常具体的工作群消息响应时间要求。

最后，项目任务的边界需固化，内容需透明，要求需统一（指需求发起方与执行方在任务执行标准、要求和目标等多方面实现信息对称）。具体而言，可以采取以下细化措施实现这一目标：①对任务边界而言，可在任务启动阶段，确保需求发起方和执行方就任务的范围、目标和交付物等方面进行充分沟通和协商。明确定义任务的具体边界，避免任务范围扩大或不清晰性带来的混乱和冲突。②对任务说明而言，可要求需求发起方提供，或在项目经理前期的沟通中形成清晰、详尽的任务说明文档，包括任务描述、关键要求、交付期限等信息。③确定统一的任务执行标准，则要在任务执行过程中，确保所有执行方遵循相同的标准和规范。这包括项目管理方法、工作流程、质量要求等方面的一致性。④建立透明的沟通渠道的目的，在于使得需求发起方和执行方可以随时交流和共享信息。这可以通过使用协同工具、定期会议、项目报告等方式实现，确保双方对任务的理解和预期保持一致。⑤对任务执行开展回顾与阶段评估，围绕任务执行的情况和任务完成度、质量等展开，重点讨论任务执行中的挑战和改进方案，并对下一阶段的任务进一步细化和协商。

## 5.2.2 充满挑战的团队协作

公司内部拥有众多部门，当同一个任务需求方提出需求时，可能需要与多个部门进行对接，经过多层传达。然而，在转达过程中容易出现信息失真等问题，导致任务需求方的真实需求未能有效落实。特别是在与工作性质差异化较大的部门对接时，由于对任务需求方的需求拆解不够清晰，从而使得传达部门无法准确理解任务如何执行，进而导致对应部门未能深入了解任务需求方的痛点和场景，从而导致工作生产执行流程无序。

对于以上情况，建议在线团队通过以下方式予以解决：一是于在线沟通中尽量减少文字方式的沟通，多采用语音、电话、视频会议等交流形式，特别在项目启动初期的磨合过程中，围绕任务需求的确认及任务要求的细节等信息在多个协同方处达到信息完全对称；二是一旦确定任务需求的边界和内容后，及时制定清晰的项目生产执行流程，并将分工落实到具体部门和具体人员，真正做到"上传下达"；三是实行总项目经理制，为每个项目设立一个负责人，由负责人牵头带领其他员工形成一个项目小组，层层分工下去，负责人问责组长、组长问责组员，权责分明，确保各项工作有序开展与落实。

如前所述，当项目执行完成人员配置后，便可以进入具体生产执行阶段。这时通常需要将工作任务进行细化分解，详细如哪一部分工作应该交由在线团队的哪些职能部门，跨部门间的协作机制与目标是怎样的，以及具体由哪一位执行人员对目标结果负责。对此，在线团队的管理层需制订出一套工作安排方案，逐一回答上述问题，并对所需的工作时间和工作量予以估计；继而按照任务的生产执行顺序，按时间序列推进使计划逐步落实。此外，还需要建立一个与生产执行计划对应的风险应对方案，基于以往相似任务的执行经验和团队协作经验，对当下项目中出现的执行问题、协同问题进行风险预估；进而，基于不同风险的内容和等级给出应对策略。

此外，在项目实施过程中，在线团队还需要注重任务执行的审核。任务审核的周期可以为每天、每周、每月；审核的内容包括项目进度推进情况的摸底、任务完成质量的把关，以及问题的暴露与解决等。该工作对项目经理提出了更高的要求。于他们而言，既需要在每个月或每个季度对负责项目进行阶段性的内容复盘与问题改进思考，也需要针对已经出现的问题予以及时改正，并通过总结经验反哺未来项目的执行。

那么，在审核中，项目经理还需注重项目生产执行中出现的变化。特别对于需求边界以外的新需求等变化，则需要项目经理及时围绕此类变更进行理解和成本评估等，继而对项目活动与资源水平进行重新调整，并将结果及时通知所有协同部门和任务需求方。经各方确认后，项目经理需正式发起项目变更流程，调整项目目标，并对项目的实施进程进行调整和下一轮严格把控。注意，对于整个在线团队的管理而言，这里的把控重点包括新增任务的可行性、质量风险、资源消耗、费用预算与项目进度等，以及对执行人员的绩效考核调整等。

### 5.2.3 急需提升的工作效能

提高员工积极性和工作效率一直是企业管理中最重要的挑战之一。对于在线团队来说，员工工作效率差的主要表现之一即摸鱼怠工和对各项工作缺乏积极响应。于传统坐班工作而言，线下物理工位、随处可见的企业 Logo 及员工统一着装等，很大程度上对其工作状态发挥着正向激励作用。线上办公人员往往因为是居家办公，因此大概率在工作期间仍穿着睡衣、拖鞋，端坐在舒适的床上或沙发上，因此的确更容易导致工作进度缓慢、工作质量下降等问题。

除工作中容易出现 5 分钟、10 分钟的短时"摸鱼"外，线上办公的其他场景同样容易面临员工怠工等问题。如集体会议也是员工出现"人在心不在"的典型场景之一。有一次因某事临时召开全员大会，要求居家办公的同事以腾讯会议的形式接入，结果某员工当时正在玩手机游戏，未退出游戏便直接接入在线会议。会议中途，该员工不小心触碰了屏幕分享功能，且没在第一时间关停，于是就出现了全员看他打游戏的画面。当时该员工原本有机会得到进一步晋升，结果因为这一"社死"场面而失去机会。

为了解决这些问题，通常可采用如下措施和管理方法：①规范工作环境和着装：制定明确的在线办公规定，要求员工在工作时间内保持正式的工作环境和着装，例如穿整洁的工作服或正装，以提升工作专注度和责任感。②设定具体到小时级的工作目标和绩效考核：明确工作目标和绩效标准，建立有效的绩效考核体系，以激励员工提高工作效率和质量。同时，通过设定可衡量的目标，使员工更有动力和方向感。③提供必要的工作工具和技术支持：确保员工获得适当的工作设备和技术支持，以提高工作效率和质量。提供培训和支持，使员工能熟练使用在线办公工具，充分发挥技术优势。④平衡工作时间和休息时间：鼓励员工合理安排工作时间，提倡固定的工作时间段，并鼓励适时休息，避免过度劳累和工作疲劳。

在我们在线团队的运营中，一旦发现此类问题，我们会对相关的管理流程进行全面检视和完善，而且我们不仅将问题的规避局限在项目生产执行环节，还将其前置到项目培训环节。在培训环节中，我们加强了对在线办公人员在工作期间响应速度的具体要求。如在新人入职上岗前，我们会安排老员工带领新人详细了解组内工作手册，并重点讲解工作纪律相关的事项。特别是明确各班次的具体上班时间和范围，以避免出现对上下班时间不清楚、错误理解工作时间范围、上错班次等问题的发生。工作期间，要求及时回复信息，通常要求5~10min 回复消息。如果超过30min 没有请假并且无法联系到员工，我们会将其视为当日缺勤。除了响应时间，我们还对任何有时间要求的事项进行考核，例如各类例会的参会时间、周期性数据提交的时间等。这些规则都会作为培训后的考核内容，以确保员工能清楚地理解和遵守时间要求。

经初期的阶段性培训后，需要针对培训成果进行考核验收，比如新人通过前期业务培训后，需要在成熟员工的监督下预演独立工作后的成效，并针对其中可能出现的问题进行解答。另外，我们还辅以技术手段，例如在某数据处理类项目中，管理人员可以通过执行人员工作平台的后台记录，精准了解每位员工的任务完成情况，如处理了多少数据，处理了哪些数据，还可核查每个人员数据处理的准确率，进而对比不同人员的工作效率。事后也可以根据后台记录，对错误数据予以溯源倒查。

结合团队经验，杜绝此类员工怠工现象的另一种有效手段则在于项目主管或项目经理，其对任务执行最小单元工作量的掌握程度决定了执行人员怠工的空间。该工作又可归为项目任务工作量的精细化工时核算，即主管通过对各类工作的具体生产执行时间及工作流程做好把控，合理分配各时段、各班次的具体执行内容及人力规模，同时要求每天每人撰写工作日报，以便双向掌握个人工作量的饱和度。

除了人的主观因素，其实还有许多客观因素会导致办公效率低下。例如，居家办公期间难免会受到来自居住环境的影响，如上下楼的小孩玩闹声、临街商铺的广告叫卖声，甚至是邻居家的装修声、道路施工噪声、村子里的动物叫声等，嘈杂的工作环境必然影响工作效率。另外，网络的稳定性差、居民区停电、酷热或湿冷天气等，这都无法与线下办公室的光纤网速、稳定电压、恒温的中央空调相提并论。对此，需要企业提前强调和干涉，在最大范围内通过人员的主观能动性克服此类负面客观影响因素。

## 5.2.4 突发情况的应对处理

在线办公模式中存在许多不可控因素，这些因素可能给团队的人员调配和工作进展带来困难和阻碍。举例来说，有时我们可能面临紧急交付的临时任务，或者大型项目需要进驻，但却没有充分的准备时间。此外，工作时间内由于人员失联，可能导致工作进度无法顺利推进。在在线办公中，由于管理层无法实时了解员工的真实状况，因此对上述突发情况的应对处理往往不得要领。在线团队常见的突发情况主要分为以下几种。

一是办公平台突发故障。办公时应选择稳定性较高的办公平台，但当办公平台出现故障时，应及时通知 IT 部门等工作人员，并启用其他在线应急平台或软件（如钉钉、微信），以确保任务执行的流畅性和稳定性。二是办公设备突发故障。若在办公过程中设备突发故障，应及时通知部门主管和其他同事，以便实时交接工作进度，确保工作有序进行，并同时重新调试设备、处理故障。三是网络突发故障。员工可通过网络测速工具查看网络是否稳定，可通过切换网络、启用手机热点等方式保证网络流畅。如果情况没有改善，可将视频会议改成语音、文字消息等方式进行沟通，可将在线文档及时保存下来进行本地办公，待网络恢复后于第一时间上传工作内容。四是办公运行突发事件。员工因突发紧急事件无法办公，应第一时间联系相关工作人员及其他负责人，及时对接工作，由项目负责人根据工作进度安排替代该工作人员，以确保工作进展不会中断。若未能及时安排替代工作人员，应及时向部门负责人反映，与任务需求方对接好交付时间。五是办公网络安全突发事件。若发现部门工作人员在内部群发布不良言论或散布不实消息，抑或是泄露公司工作资料，应及时联系技术人员和干涉人员及时处理相关言论信息，以消除不良影响，同时向信息技术部报备，进行相应问责。如果发生账号被盗、黑客入侵及其他不良行为，应第一时间联系部门负责人，并启动应急在线平台继续完成办公工作。

通常，为了更好地应对此类突发情况，在线团队需要制定完善的紧急预案，以应对各种意外情况。首先需建立一套快速响应机制，确保能在紧急情况下快速调动人员和资源。这包括预留一部分团队成员的工作时间，以应对可能出现的临时任务和突发项目需求。如我们团队曾制定应急方案如下。

在工作时段，额外设立机动岗及B岗人员，以灵活应对各类突发状况，如遇临时项目时，可及时联系项目经理B岗完成项目的对接，同时可安排机动班次成员进行任务执行。其次，给主管及项目经理安排少量常规生产执行类工作，使其将工作重心转向项目审核等对紧迫性、时效性要求一般的岗位，从而使其一旦碰上紧急情况，便可在第一时间投身于突发状况的解决。另外，团队还会安排一些短期排班，例如项目培训类工作班次，以便碰上内容复杂，或项目磨合期不确定具体人力投入的任务，主管可以在排班时配置短期安排，如按天排班，以便根据项目任务的具体情况，合理调配人力资源。该解决办法的前提是团队主管及项目经理具备超强的责任心和控场能力，秉承"不嫌麻烦"的心态，对在线团队的管理做到细致入微。再次，在团队日常管理中，也会对员工提出更严苛的考勤要求，如其请假时需提前一周乃至更长；若临时突发状态，也需其本人立即告知上级主管，避免因各类原因导致人员失联。

最后，可通过制定明确的工作优先级和任务分配原则，以确保紧急任务能及时得到处理。此外，还需加强项目团队和其他相关部门之间的沟通和协调。通过定期的项目会议和沟通渠道，提前了解即将进驻的项目数量和体量，并与相关团队充分进行协调和准备，以便在需要协助或调配资源时能快速响应。最后还需注重执行员工问题反馈机制的建立与畅通，即鼓励一线员工及时报告工作中遇到的问题或困难，及时解决问题，确保工作进度不受影响。

结合我们团队的真实经历，在某车企项目的晚间生产执行过程中，负责相关工作的同事突然提出身体不舒服，急需去医院检查；同时，距离该任务交付的时间不足 2 小时。在此类突发情况下，项目经理无法第一时间确认其"意外"的真实性，鉴于工作任务交付的紧迫性，只能优先调动更多的人力资源，交付任务并解决问题。

除员工本身出现的突发情况外，任务需求方也会提出新的任务，包括对既有任务的调整和交付时间的提前等。此类突发情况同样给既定工作安排造成挑战。团队曾多次遇到此类要求，如在工作日的下班之际，收到来自某临时项目要求第二天马上生产执行的消息。然而，团队面临的真实情况是为期一周的排班均已完成固化，因此也没有多余的人员可以安排该项目的对接及生产执行。在此种紧急情况下，如果是体量较小的任务或者需求，临时抽调人员予以补位是没有问题的；但若碰上体量较大的任务，调动人员就需要首先一一确认项目经理的匹配度，再协调一般生产执行人员的时间，逐个协调后最终才能确立项目组。综上，此类突发情况应对非常考验在线团队管理者的调度能力。

## 5.3 在线团队运行中的其他典型问题

### 5.3.1 如何确保制度的下达与落实

*1. 制度理解是制度下达的第一步*

在大公司中，通常会面临制度下达缓慢和艰难的问题，而在线上办公的情况下，这个问题变得更加突出。尽管公司制定了各种制度和要求，但它们并没有得到充分的宣贯，导致基层员工对这些制度和要求的理解和配合不够积极。特别是在制度传达方面，存在一些困难和挑战。且伴随公司规模的增大，制度和要求从高层向下传达需要经过多个层级的审批和传递，这可能导致信息延迟和滞后。信息在层层传递过程中可能会发生偏差，导致最终到达基层员工时已经不够清晰和准确。而线上办公环境的特殊性也增加了制度传达的难度。相比于传统的线下办公，线上办公缺乏面对面的交流和沟通，这使得制度的传达更加依赖于各种在线工具和平台。然而，使用不同的沟通工具和平台又将导致信息传递的不一致性和混乱性，使得制度的宣贯工作更加困难。

此外，基层员工对制度的理解和认同也是一个关键因素。如果员工对制度的意义和价值缺乏清晰的理解，他们可能会产生怀疑和抵触情绪，从而不愿意积极配合制度的生产执行。因此，在制度传达过程中，需要充分解释和说明，让员工明白制度的目的和好处，增强其对制度的认同感和积极性。如在我们在线团队中就曾遇到这样的情况。根据公司规定，要求每季度进行针对全体员工的价值观绩效考核，需要所有员工对照相应考核要求进行自评、他评打分。部分基层员工不能理解这个考核的必要性，认为只完成日常的工作任务和绩效考核即可，没必要进行价值观的考核。因此，在该项考核开展的初期，部分人员对此不重视，迟迟不参与，或者干脆忘记；也有部分人员为了省事，不写文字描述，全部自评打3分（要求4分及4分以上必须写原因）；还有部分人员不清楚低于3分会扣除考核，胡乱打分，导致自评分过低。

在第一次考核结束后，发现有诸多如上异常分数，于是人事部门也进行了复盘与反思。那么，在第二次开展该项考核评估工作之前，相关部门便组织全员，对实行价值观绩效考核的原因、必要性、具体要求和评分规则等细节进行详细的宣贯，对大家不理解的部分进行解释说明，打消大家的疑虑，在思想认识上做到统一。另外，由人事部门监督各业务部门，在每个季度的考核中务必做好过程管理，及时提醒未打分人员，并对打分结果进行监督；对考核不重视、乱打分等问题及时提醒和纠正处理；针对屡次出现不认真、乱打分等不当行为，进行相应的惩处，对其他人形成警示，避免问题重复出现。

结合我们的真实经历看，除了员工对制度的不理解、不配合等问题，团队还出现过制度规定落地屡屡受阻的情况，导致某项工作的执行效果非常不理想。这一点在团队实行"项目精细化管理"工作中体现得淋漓尽致。

为了精细化管理项目及人员，了解每个项目的人力投入情况，把控人力成本等，公司要求每个项目经理对当月生产执行的项目都要进行人力支出费用的精细化核算与系统录入。部分项目经理对此制度表示不理解，认为给他们凭空增加了不少工作量，且这个核算工作比较复杂、烦琐，每个月填写人员和费用时，需要逐一仔细结算，费用还得对得上。初期便出现团队五成以上项目经理将人力投入计算错误的情况，如遗漏外溢人员的费用、遗漏人员加班费用、遗漏任务执行中临时借调人员的费用等；再如，同一个人员由于同时参与多个任务的执行，因此在多个项目计算成本时，出现人力投入重复计算的情况。

对此，我们及时召集了相关人员，对"项目精细化管理"制度开展的目的和必要性进行详细说明，让大家能认识到开展本项工作的意义和目的；同时对该制度的要求进行拆解，并针对生产执行人力成本拆分、记录中存疑或遇阻的困难予以案例说明和解答；继而协作所有项目经理在系统后台进行具体的操作指导，降低了自操作的难度，从而实现生产执行人员对该制度、落实的主动性和接受度。至此，该制度得以在团队内顺利推行。

## 2. 如何科学制定团队管理制度

制度理解与下达的前提是科学地制定一项管理制度。结合管理经验我们认为，简洁、实用、高效是评估制度可行性、科学性的重要标准。有时，一些制度的制定过于烦琐、复杂，规定过于细致，且标准过于苛刻，这样的制度在实施过程中难以落地，既耗费了大量人力、物力，又增加了实施成本，同时无法达到预期的效果。另外，有时在传达上级文件时可能存在过度照搬的情况，导致制度的内容变得形式化，缺乏具体可操作的细节，员工不清楚如何有效贯彻执行。因此，制定制度时，首先应使其简明实用。制度的设计应关注核心要点，避免过度细化和复杂化，以便员工能轻松理解和遵守。同时，制度应该与实际情况匹配，不仅要考虑到组织的整体目标，还要充分考虑到员工的能力和资源，确保制度的实施具有可行性和可持续性。当然，制定简明实用的制度，有助于提高工作效率和员工积极性。当制度简洁明了时，员工能更好地理解和执行，减少了理解偏差和操作困难，提高了工作的高效性。此外，简明实用的制度也能激发员工的积极性和主动性，使其更愿意遵守和参与其中。

除上述要求外，一些制度在建立之后缺乏传承和延续，该问题也影响了制度的合理性。事实上，制度的建立应该是一个综合考虑制定、实施和不断改进的过程。当企业面临外部环境的变化和内部战略目标的调整时，需要对制度进行修正，而不是完全推翻已有制度，将全新的制度建立在对已有制度的全盘否定之上。那么，在这种背景下，就不存在所谓的"最佳"制度，只存在"更好"的制度。此类情况可谓不胜枚举，如一位在线团队管理层人员拥有自己的一套想法，然而，当新的继任者上任时，后者不仅要推翻原有的制度，还要重新建设一套完全有别于以往的制度，以此展示自己的管理思路和水平能力。

此外，还有一些制度是在情况紧急的背景下临时制定的，这样的制度往往缺乏充分的考虑和细致的规划，其适用性和推广性都存在较大的问题。由于制定这类制度时间紧迫，往往无法充分考虑到各种因素的复杂性和多样性，导致制度的制定过程缺乏全面性和深入性，且此类制度往往缺乏对相关利益方的充分研究和广泛征求意见的过程。缺乏这些前期工作，制度的设计可能无法真正满足各方的需求，因而难以得到广泛的认可和支持。此外，由于时间紧迫，制度的制定过于急促，无法进行充分的论证和实践验证，从而无法确保其可行性和有效性。临时制定的制度还可能在实施过程中出现问题，因为相关人员对其不够了解或没有接受相应的培训和指导。在缺乏准备和理解的情况下，制度的执行不仅存在困难，甚至会产生不良后果。此外，由于临时制定的制度往往缺乏充分的测试和修正过程，因此就其在实践中暴露出的一些不足之处，需要不断调整和完善。

综上，制度建设的传承性和连贯性至关重要。一个制度的传承性意味着，无论组织面临管理层的变迁或其他变化，都能对其核心价值和运行原则持有定力，对由此外延的各项制度、做法予以延续和保持。这样可以保证组织的稳定性，避免过度变动给组织带来不必要的动荡。其中，连贯性指的是制度在不同阶段和环节之间具有内在的衔接和协同，以确保整个制度体系有效运行。通过传承性和连贯性的考量，我们可以确保制度建设具有逻辑性和稳定性，为组织提供长期的指导和支持。结合五年的实践经验，我们就如何提高制度设计的科学性、合理性，形成以下建议。

（1）形成一项好的制度，需确保制度建立过程的严谨性。制定好的规章制度，首要应该设立一个系统性、专业性、独立性的制度设立机构。该机构是一个与团队其他业务部门相分离的立制机构，其目标是解决政出多门，各自为政的问题，确保制度的公平性，防止一些部门将建立制度当作切割利益、维护本部门利益的工具。

（2）以构建精简、有效的制度为制度设立的初衷。制度于团队来说并非多多益善，而是要服务实际问题的解决。因此，往往要反省该"初衷"，重新审视和整理现有的制度，对那些内容相近的制度，可以整合的整合，应当废除的废除；对那些有维护个别小部门利益嫌疑的制度，应当果断废除，使制度设立机构能够腾出更多的时间、更多的精力解决现实问题。

（3）加强调研工作。制定制度是一项非常严肃和严谨的工作，目前在制度的制定中，不同程度地出现了闭门造车、照猫画虎、照搬照抄上级文件等情况，而这些制度的推出也非常迅速。制度要与现实需求和具体问题相呼应，要体现出企业的个性化特点。因此，在正式出台某项制度之前，一定要进行调查研究，对各干涉方的意见进行广泛征求，从而形成广泛的共识，为制度的实施奠定良好的群众基础。

（4）在制度的构建中，应坚持"人本精神"，并在其中反映出对人的关怀。对某些特定的情形，应做出具体的规定，坚持"以人为中心""以人促发展"的原则。

（5）处理好制度管理的3个关系。行政指导、制度管理、活动安排、企业文化建设，这些都是为企业的发展而服务的。制度管理是一个公司最重要的操作手段，它在实施过程中，经常会受到行政指令、生产活动以及公司文化的构建等因素的制约，甚至是干涉，因此，它需要处理好以下关系。

一是管理指令与制度管理的关系。制度的制定和实施需要通过行政指示来实现，但这并不能替代制度的管理。过度的行政介入反映出系统的治理能力不足，或者系统的实施能力减弱。在组织架构、运行体制良好的前提下，企业管理层应尽可能地减少对团队运行体制的行政介入。二是生产活动和制度的关系。在企业运行过程中，工作计划是生产活动的"指路人"；而阶段性的工作计划则是生产活动的"补丁"

（就像给计算机软件打了一个"补丁"）。那么，由于团队运行体制机制的不完善，在具体生产活动中需以"集中整顿""专项整治"等方式弥补。如此以往，若"补丁"太多，不但会增加生产执行人员的工作压力，而且也会反映出系统的生产执行力减弱，制度设计的普适性较差等问题。因此，制度设立机构应尽可能地将此类"补丁"组织起来，并将其纳入制度的管理中。三是企业的文化经营和制度经营之间的联系。企业管理的最高水平是文化管理，而构建生产执行力文化并非一朝一夕之功，而是一个长期的实践过程，唯有将生产执行文化理念融入每一位员工的心中，并将其化为一种自觉的行为，从而形成一种生产执行合力，最终才能构建出一种有效的团队生产执行力文化。

### 5.3.2　如何统一团队的价值观

统一的价值观在在线团队中的建设具有重要意义。当团队成员都秉持相同的价值观念时，他们将追求一个共同的奋斗目标，清楚地知道自己和公司所追求的目标是什么，并且明确应该朝哪个方向努力和前进。这种统一的价值观念是团队行为的准则，能凝聚团队的力量，促使团队成员齐心协力地工作。

在线团队的价值观建设需要注重以下几方面：首先，明确和传达公司的核心价值观和使命，确保团队成员理解和认同公司的整体目标和理念。其次，鼓励团队成员参与制定团队的共同价值观，并促使他们在日常工作中践行这些价值观。此外，定期组织团队活动和培训，加强团队沟通和合作，以进一步巩固和强化团队的共同价值观念。

通过建设统一的价值观，在线团队将建立起一种积极向上、奋发向前的工作氛围。团队成员将更明确自己的责任和使命，以更高的工作标准和效率为实现团队和公司的目标不懈努力。同时，团队成之间的协作和沟通也将更加顺畅，更加高效地完成工作任务。在团队成员价值观的建立与统一方面，首先要建立合作的概念。从公司的总体运作看，公司的成败主要取决于公司的个体能力和团队的整体性、连续性、控制性、顺从性、协同性；任何一家公司的成功，都离不开个体的能力与团队的合作；如果一家公司想在未来保持长久发展，就必须保证个体之间的信任和协作，要在一起共同努力，共同进取，还需要一种同舟共济、荣辱共担的团队作风。只有彼此进行了协作，懂得了合作，才能生出强大的战斗力，才能在竞争中取得胜利。

其次要建立竞争意识。竞争是一个企业要想获得胜利，必须拥有的基本价值观。因此，企业和全员要学会竞争、善于竞争、敢于竞争，保持强烈渴望赢的竞争精神，才能让企业在众多企业中脱颖而出。竞赛气氛，包括对内、对外的竞赛气氛：通过内部竞争，员工相互鼓励、相互学习、充分挖掘自身潜力，可提高整体气氛，有利于员工共同发展；外在的竞争，是指通过团结合作，面对竞争对手，争取市场，争取顾客。

## 5.3.3 挑战：在线团队的企业文化建设

在在线团队中进行企业文化建设可能会面临一些困难，但它的必要性不可忽视。在线团队的特点包括地域分散、沟通方式多样，以及缺乏面对面交流等。这些因素给企业文化建设带来一定的挑战。其中地域分散的在线团队可能由于文化差异而导致沟通障碍和理解困难。团队成员来自不同的地区、国家，甚至不同的文化背景，对共同的价值观和行为准则的理解可能存在差异。这就需要企业在文化建设过程中更注重跨文化的理解和适应，以促进团队成员的沟通和协作。此外，在线团队沟通方式的多样性也使得信息传递可能存在误解或不完全的情况，导致企业文化的准确传达受到影响。在线团队需要在沟通中加强互动和及时反馈，通过有效的沟通工具和渠道确保企业文化的传递和理解。此外，团队成员之间的互动和凝聚力相对较低，这会影响到企业文化的形成和共同认同。因此，企业需要通过定期的线上活动、团队建设和培训等方式加强在线团队成员之间的联系和交流，促进团队的凝聚力和认同感。

尽管在线团队在企业文化建设中面临一些困难，但进行有效的企业文化建设是至关重要的。它可以为团队成员提供共同的价值观和行为准则，加强团队的协作和合作能力，提升团队的凝聚力和工作效率。通过明确的企业文化，在线团队可以在分散的工作环境中形成共同的目标意识，激发团队成员的积极性和创造力，推动团队向共同的方向前进。因此，企业应该重视在线团队的企业文化建设，采取适当的措施和方法，为团队成员创造良好的工作氛围和文化环境。

结合我们团队的经验看，诸多长期处于在线办公的员工对公司的各种情况了解相对较少，缺乏集体认同感。例如，很多员工从入职开始到日常生产执行等，通常都仅与其所在组织部门的主管和同事在线完成沟通，对本部门更高级管理层乃至公司其他部门的情况一无所知，从而导致其对企业总体认识相对局限。在与部分员工的交流访谈中发现，有的员工甚至一直不清楚自己所在的公司到底是做什么的，一度以为公司只有自己所在的某个项目组；有的员工甚至不清楚其部门及公司的管理层人员规模和具体姓名，当然对公司完整组织架构的概貌也全无所闻。记得在一次新员工转正面谈时，某员工表示不清楚与自己面谈的对象是谁，错以为是人事部谈话，实则是其直接主管。

结合我们遇到的如上情况，在线团队的企业文化建设需要在员工入职环节便予以重视和强调，如做好企业文化、管理制度等一对一培训，从而让其在接触团队的第一时间，形成对公司的组织架构、部门分工、业务产品等全景印象。在此基础之上，以其直属管理人员通过定期内部会议交流或不定期的项目讨论等为"窗口"契机，向一般执行人员及时同步公司最新的发展动向，未来一段时间内的工作安排和成长要求等。此外，在时间允许的情况下，还可以通过安排本部门的人员走入其他平行在线部门，开展一定周期的工作交流和业务学习，并举行不同在线团队部门间的业务培训和经验分享交流。

综上，通过在员工入职环节的重视和强调，以及定期的内部交流和培训活动，我们能够逐步建立和巩固在线团队的企业文化。这种文化将为我们创造一个积极、协作和富有成长机会的工作环境。员工将更加了解公司的愿景、价值观和目标，并能在日常工作中将其融入实际行动中。此外，不同部门间的交流和合作也将促进知识共享和经验传承，使团队的整体能力得以提升。通过这样的企业文化建设，我们将打造一个团结向前、创新进取的在线团队，为公司的持续发展和成功做出积极贡献。

第 6 章

# 企业在线办公的未来与趋势

06

DAO 是 Decentralized Autonomous Organization 的英文首字母缩写，即去中心化自治组织。最早提出这一概念的是美国作家奥瑞·布莱福曼（见图 6-1），他在《海星与蜘蛛》(*The Starfish and the Spider*) 一书中指出，蜘蛛是中心化细胞组织，海星是彼此对等的，也就是无中心的一堆细胞组成的，海星撕下的每只触手都可以成长为完整的海星。可见，海星型去中心化运作的组织具有强大的生命力。未来，DAO 将进一步拓展在线办公模式的外延，形成新的智能办公模式。

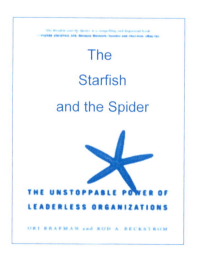

图 6-1　奥瑞·布莱福曼《海星与蜘蛛》

## 6.1　DAO 的概念定义

2013 年，Daniel Larimer[1] 首次提出去中心化自组织企业（Decentralized Autonomous Corporation，DAC）的概念，DAC 与传统企业的区别在于去中心化和分布式。2014 年，Daniel Larimer 再次补充了 DAC 的概念。随后，Vitalik[2] 阐述了对 DAC 的认识，并经由 Daniel Suarez 的 *Daemon* 一书启发，提出了区块链语境下的 DAO。DAO 概念首次正式提出则是在 2015 年以太坊区块链上的一份名为 DAO 的智能合约中。此时的 DAO 是智能合约，即技术框架、工具，常被理解为类似非营利性组织的非中心化自治组织。2016 年，首个 DAO——The DAO 由德国 Slock.it[3] 背后的团队成功开发，同时，它也是当时世界上最大的一个众筹项目，但由于合约漏洞，高达 7000 万美元的治理资金被黑客盗取，The DAO 未能继续运转下去。之后，由于区块链的快速发展，DAO 的定义以及用途也有所拓展，像数字货币、某个系统、某个机构、商业模式抑或无人汽车平台都可称为 DAO，各种 DAO 项目如雨后春笋般涌现，据 Cointelegraph[4] 2020 年 9 月 8 日消息，根据 DeepDao 创始人 Eyal Eithcowich 的说法，当前活跃的分

---

1　Daniel Larimer，还有一个广为人知的绰号，叫 BM，意为"比特大帝"（ByteMaster），源自他在 GitHub 上的用户名。他是区块链产品 BitShares、Steem、EOS 的创始人。
2　Vitalik，俄罗斯裔加拿大程序员及作家，以太坊联合创始人。布特林在加密货币的初期就参与建设，并在 2011 年联合创立 *Bitcoin Magazine*。
3　Slock.it 成立于 2015 年，是一家旨在快速扩展共享经济的区块链基础设施平台提供商。该公司的平台是一个开源移动应用程序，部署了区块链应用程序模块，范围从计量 WiFi 访问、运动器材、工具库以及出租房间、办公室或车辆，使任务需求方能查找、定位、出租和控制任何以智能为媒介的对象，来自世界任何地方的合同。
4　Cointelegraph 成立于 2013 年，是一家独立数字媒体，涵盖有关区块链技术、加密资产和新兴金融科技趋势的广泛新闻。

权自治组织（DAOs）正在加速增长，其数量已从 2019 年的 10 个增加到现在的 76 个，增速为 660%。2021 年是 DAO 风起云涌的一年，从 PleasrDAO 迅速众筹购买知名 NFT、到 a16z 投资泛兴趣文化社区 FWB DAO，这些事件见证了 DAO 这一新型组织形式迅速成长壮大。

关于 DAO 这个名词的解释，传播度最广的是维基百科中为其下的定义——它是一个以公开透明的计算机代码搭建的组织，其受控于每个组织成员，并不受某个中心控制。一个分布式自治组织的金融交易记录和程序规则是保存在区块链中的。国内学者对 DAO 已有部分研究，丁文文[1]认为，DAO 是将组织不断迭代的管理和运作规则（共识）以智能合约的形式逐步编码在区块链上，从而在没有第三方干预的情况下，通过智能化管理手段和通证经济激励，使得组织按照预先设定的规则实现自运转、自治理、自演化，进而实现组织的最大效能和价值流转的组织形态。简单而言，DAO 可以界定为由达成共识的群体所自发产生的共创、共建、共治、共享的协同行为，进而衍生出的一种组织形态。

DAO 的运转依赖智能合约，与之相关的交易和规则均编码在区块链上，最终实现公开公正、无人干预和自主运行。智能合约和底层区块链跟踪组织成员，而成员身份除购买外，也可以作为奖励（通常以代币形式）分配给用户，以换取资金、用例或资源。在 DAO 组织中，所有参与者都持有 DAO 组织的通证（Token），DAO 组织运行得越好，通证就会越值钱。DAO 围绕智能合约和价值创建自下而上的团体，扁平化的管理更能激发个体的创造力，为组织提供灵活便捷的协同工作方式，提高组织的工作效率。

DAO 是适应元宇宙的组织方式。生产环境的变革催生着新的组织方式，从大航海时代到元宇宙，组织形式不断变化演进。Web 2.0 时代，

---

1 丁文文，王帅，李娟娟，等. 去中心化自治组织：发展现状、分析框架与未来趋势 [J]. 智能科学与技术学报，2019，1（2）：202-213.

互联网行业巨头对数据的垄断已被社会关注，而元宇宙 DAO 的组织规则由程序监督运行，组织规则最终的保障是代码。代码的事前约束使得 DAO 能在不依赖信任的情况下形成组织，用户在数字世界可以更广泛地参与全球协作。区块链技术保障了"Code is Law"（代码即法律），而 DAO 保障了规则有序制定、生产执行，两者是元宇宙制度的基石。其实目前的比特币网络就是一种最简单的 DAO，任何人都可以随时加入网络，成为节点并提供算力保障账本安全。以太坊进一步支持智能合约，使得去中心化生产执行的通用计算成为可能。而在此基础上衍生出的各类应用均基于代码规则的 DAO 实现，这为构建以 5G、物联网、AI、云算力为底层的元宇宙提供了可能，因此 Web 3.0 的世界将更加扁平化。

## 6.2 DAO 的结构与特征

### 6.2.1 DAO 的结构

与传统组织里层级分明的结构不同，DAO 的结构是分散的、各自独立的。在传统的组织结构里，一般上层的少数人发布命令，下层的大多数人生产执行，这就形成了自上而下的金字塔式结构。组织里每个人的责、权、利是不明晰的，于是就会产生纵向和横向的利益对比，或责任推诿，或权力争夺，从而出现各种矛盾，组织架构危机四伏。DAO 往往在几个关键方面不同于现有的组织结构：一是 DAO 通常没有正式的管理者，其 DAO 成员之间隐含的关系非受托人关系，而是成员之间的平等关系；二是 DAO 的成员身份不一定是持久的，可能是暂时的。成员可以在有限的时间内加入组织，也可以由于缺乏兴趣、遇到更好的机会或其他原因退出 DAO。

## 6.2.2 DAO 的特征

根据学界的研究可知，DAO 的特征主要分为分布式与去中心化、自主性与自动化、组织性与有序性，以及智能化与通证化。

1. 分布式与去中心化

DAO 通过自下而上的网络节点之间的交互、竞争与协作实现组织目标，DAO 中节点与节点之间、节点与组织之间的业务往来遵循平等、自愿、互惠、互利原则，由彼此的资源禀赋、互补优势和利益共赢所驱动。组织不再是金字塔式，而是分布式，权力不再是中心化，而是去中心化。

2. 自主性与自动化

社区成员无须通过雇佣的形式，自主地参加到社区的治理中。在一个理想状态的 DAO 中，管理是代码化、程序化且自动化的。DAO 通过智能合约保证运转，而智能合约一旦启动，便会自主运行，任何人都无法阻止它。

3. 组织性与有序性

依赖于智能合约，DAO 中的运转规则、参与者的职责权利，以及奖惩机制等均公开透明。此外，通过一系列高效的自治原则，相关参与者的权益得到精准分化与降维，即给那些付出劳动、做出贡献、承担责任的个体匹配相应的权利和收益，以促进产业分工以及权利、责任、利益均等，使得组织运转更加协调、有序。

4. 智能化与通证化

DAO 以互联网基础协议、区块链技术、人工智能、大数据、物联网等为技术支撑，以数字化、智能化、链上链下协同治理为治理手段，改变了传统的科层制以及人为式管理方式，实现了组织的智能化管理。通证作为 DAO 治理过程中的重要激励手段，将组织中的各个元素（如人、组织、知识、事件、产品等）比特化、通证化，从而使得货币资本、人力资本及其他要素资本充分融合，更好地激发组织的效能和实现价值流转[1]。

### 6.2.3　DAO 的优缺点

DAO 的优点如下。

（1）透明化，消除营私舞弊。一方面，DAO 的成员对各类提案进行投票，并将投票得出的社区治理规则以智能合约的模式编码在区块链上，对所有成员可见，去中心化和透明的特性赋予其成员充分的所有权来维护协议。另一方面，在 DAO 中，所有行动和资金流向都是可查询的。无论是组织内的决策还是财务情况，都记录在公共区块链上，从源头减少了贪污腐败、账目不明等问题的出现。

（2）可以降低沟通和管理成本。与传统公司相比，DAO 省去了所有的第三方交易成本，组织只需为自己在区块链中的存在而"付费"，有效提高利润率。并且在 DAO 中代码即法律，已建立的规则无法被篡改，这不仅降低了交易成本和沟通成本，也减少了成员之间产生摩擦甚至纠纷的可能性。此外，目前有许多为 DAO 而构建的工具，如 Aragon、DAOStack、DAOhaus、Llama 和 MyCo 等，这些工具可以持续使用，加入的成员不必从头开始建造，一定程度上也节约了成本。

---

1　丁文文，王帅，李娟娟，等. 去中心化自治组织：发展现状、分析框架与未来趋势 [J]. 智能科学与技术学报，2019，1（2）：202-213.

（3）促进民主平等，合作共赢。组织中的每个代币持有者都有决策权，这与成员持有的代币量成正比，但并不会赋予其更多的权利或特权。同时，DAO 组织对成员资格持更加开放的态度，也给全球的成员提供了一个更加方便快捷的合作渠道。在组织内的任何事项，每个成员都可以贡献自己的力量，在自己擅长的领域和方向各抒己见。

（4）有通证激励机制。DAO 中的任何组织成员同时也是代币持有者，可以按固定比例获得交易平台成交量的奖励，这种奖励机制正是 DAO 组织与传统组织的不同之处。

（5）提高效率。层级结构可能成为障碍，当管理层级太多时，速度、效率和参与度都会受到影响。由于 DAO 存在社会契约，因此所有对网络的决策和更改都会自动生产执行，减少了中间层层汇报、管理决断、往下反馈等环节，大大提高了效率。

DAO 相对传统组织存在明显优势，如图 6-2 所示。

图 6-2　DAO 相对传统组织存在明显优势

但是，DAO 也存在缺陷，**一是**安全性有缺陷，安全性受到区块链本身安全性和智能合约设计水平的影响，一旦有漏洞，就有被黑客入侵的可能性。以 The DAO 为例，由于代码漏洞，The DAO 的社区成员被偷走价值约 5000 万美元的 ETH。**二是决策制度低效，也未必正确**。社区成员过多，每个成员参与直接决策的意愿不一，不是所有提案都与每个成员的利益息息相关，无法确保每个成员都花费时间做出决策。同时，参与投票的成员的学识、社会经验、专业见解存在差异，虽有专业人士，但不一定能使正确决策得到推行，多数人的决策也不一定是正确的。**三是**法律缺失和流动性大，目前 DAO 没有法律地位和相应的法律监管，绝大部分的通证也不具备法律意义上的资产属性。并且成员加入与退出 DAO 十分简单，通证的转让也十分简单，导致组织流动性较大。人员流动性大，组织可能会比较松散，缺乏坚定的支持者，也容易导致 DAO 的发展缓慢。

## 6.3　DAO 的类型

目前，DAO 生态初具雏形，并应用于投资、收藏、社交等多个领域，当前智能合约平台发展的 DAO 类型包括：DAO 运行系统、协议型 DAO、投资型 DAO、赠款型 DAO、服务型 DAO、媒体型 DAO、社交型 DAO 和收藏型 DAO（见图 6-3 和表 6-1）。

**DAO 运行系统**的主要功能是提供便捷的模块化工具和解决方案，以便于不同的 DAO 可以根据需求进行 DAO 的创建、代币分发、投票等。

**协议型 DAO** 赋予每个用户对网络决策的投票权，旨在去中心化，而不是将每个关键决策都只交给少数人决定。协议型 DAO 会根据过去的使用和贡献直接向用户发放治理代币，以传递投票权，将决策权转移到用户手中。

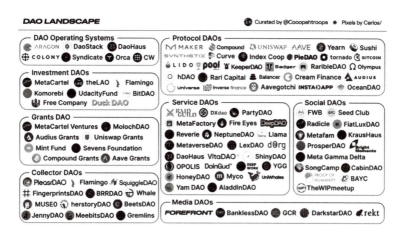

图 6-3　DAO 的 2021 年全景图

表6-1　DAO的主要类型

| 类型 | 介绍 | 典型案例 |
| --- | --- | --- |
| DAO 运行系统 | 提供便捷的模块化工具和解决方案，以便于不同的 DAO 可以根据需求进行 DAO 的创建、代币分发、投票等 | DAOStack、Aragon |
| 协议型 DAO | 提供一个发行由社区拥有及使用的代币的模板 | Curve |
| 投资型 DAO | 聚集资本并对早期项目进行投资，获取的收益由社区成员一起分配 | MetaCartel Ventures、The LAO |
| 赠款型 DAO | 提供资金捐赠、分配标准，以及给各个贡献者的治理提案进行投票表决 | Dream DAO |
| 服务型 DAO | 为个人创建去中心化的工作小组，为开源的互联网工作 | DxDAO |
| 媒体型 DAO | 去中心化的内容创作与消费社区，可由社区决定内容的生产与发布 | Bankless |
| 社交型 DAO | 围绕共同的兴趣或者个人进行组织，创建与共享任务或发布个人相关的代币 | FWB DAO |
| 收藏型 DAO | 分享专业知识，共同策划项目，寻找具有长期价值的 NFT | Whale、Constitution DAO |

与传统金融投资机构相比，**投资型 DAO** 有更加丰富的脑力投资领域，根据社区成员的投票对各种区块链资产和项目的投资，同时享有广大社群人员的社交资本和关系网络，以最大化和分配社区创造的价值。利用社区导向激发集体智慧，推动 DAO 组织具备去中心化投资决策能力。

**赠款型 DAO** 旨在社区捐赠资金并决定如何部署他们的金库，以及如何分配给各种贡献者和开发人员。像 Uniswap、Compound 和 Aave 这样的大型协议项目都有特定的资助 DAO，让社区投票决定如何部署他们的资金来支持建设者和开发者以促进自身发展。

**服务型 DAO** 正在尝试重塑人们的工作方式，人们可以根据自己的时间分配工作，并在他们关心的网络中获得所有权，旨在能及时为区块链项目对接到成熟的专业人才，是区块链的人才中心。服务 DAO 类似于在线人才代理机构，它将来自世界各地的陌生人聚集在一起以构建产品和服务。服务 DAO 重新定义了未来的工作方式，使得世界各地的人才都可以在任何时间任何地方工作。

**媒体型 DAO** 旨在重塑内容生产者和消费者与媒体互动的方式，它和传统媒体的区别在于通过去中心化的方式打破了内容消费标准，利用代币激励生产者和消费者，提供了一种替代方案，可以重新调整读者和制作人之间的利益。Bankless DAO 就是一个较为典型的例子，用户通过制作内容、研究、设计、翻译、营销服务以及对指导 DAO 的关键决策进行投票来赚取收益。

**社交型 DAO** 更关注社会资本而非金融资本，一群拥有共同兴趣、志同道合的人聚集在在线社区中，形成新的社会联系并共同创建一个有价值的社区。社交型 DAO 目前还处于起步阶段，需要一定时间来了解和验证各个模型的有效性。领先的例子有 Friends With Benefits、Meta Gamma Delta、Minty 等。

**收藏型 DAO** 由一群以集体方式决定购买艺术品或其他数字物品的成员组成。社区通过投票决定购买收藏品和分享利润，主要关注 NFT 领域的投资，提供了一种快捷高效的资本形成方式，且更加透明、公平，允许所有成员直接审计链上交易。

## 6.4 DAO 的发展历程

国内学者刘涛和袁毅主要根据技术的更迭将 DAO 划分为 3 个阶段，第一阶段基于社会关系，在这一阶段，去中心化程度低，治理方法只能依靠人际关系及信任、依靠有威望有资源的人，智能程度较低。第二阶段基于互联网平台，治理方法依靠意见领袖、激励机制、评价机制、推荐机制，去中心化程度和智能化程度都较低。第三阶段基于区块链技术，去中心化程度高，治理方法为智能合约、通证设计、投票机制、激励机制、评价机制、推荐机制，智能程度仍较低[1]。

从时间维度看，DAO 的演化大致经历了 5 个时期的变革（见图 6-4）：2011 年以前为潜伏期，2011—2014 年为萌芽期，2014—2017 年为探索期，2017—2019 年为低潮期，2019 年后至今进入发展期，各种类型的 DAO 层出不穷。

第一阶段为 2011 年以前的潜伏期，2001 年耶鲁大学法学教授本科勒（Yochai Benkler）提出并行生产（Peer Production）的概念，随着互联网的发展，催生出动态网民群体组织，为 DAO 的产生奠定了一定基础。

第二阶段是 2011—2014 年的萌芽期，为防止绝对的控制权，比

---

1 刘涛,袁毅.去中心化自组织管理的形态、特征及差异性比较[J].河北学刊,2022,42（3）:8.

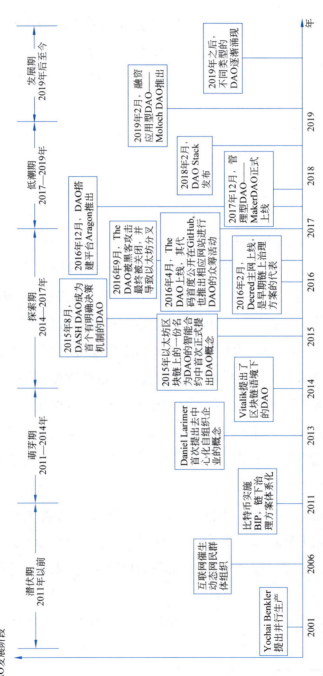

图 6-4 DAO 的发展历程（根据公开报道整理制作）

特币实施了 BIP（比特币改进提案流程），达到一定去中心化的目的。2013 年后，Daniel Larimer 提出去中心化自组织企业（DAC），Vitalik 的补充解释，DAO 的基本性质及与其旁支的区别基本清晰。

第三阶段为 2014—2017 年的探索期，这期间以太坊主网正式上线，结合了智能合约的 DAO 出现了变化。随着 Dash DAO 在 2015 年的出现，DAO 正式从笼统概念向具体实现进发，进入了探索期。2016 年，以太坊众筹平台 The DAO 出现，将 DAO 推至一个热度高峰。The DAO 是部署在以太坊上的一个众筹平台，是首个通过独立目标新建独立生态的 DAO。The DAO 也是最早尝试实现融资功能的 DAO，通证持有人通过投票向经管理者审核后的项目进行资金分配。项目一度融资超 1.5 亿美元，然而，其存在的智能合约漏洞被黑客攻击，损失近 7000 万美元，最终导致以太坊社区分裂，强制生产执行硬分叉，以实现资金退回。2017 年，美国证券交易委员会（SEC）发布裁决称，The DAO 出售的代币属于证券，The DAO 及其投资者违反了这些证券法。The DAO 事件一定程度上放大了 DAO 的技术风险，投资市场萎缩，人们对 DAO 的信心也有些下降。

第四阶段为 2017—2019 年的低潮期，由于 The DAO 黑客事件的影响，DAO 赛道的市场热度有所衰减，虽有一批 DAO 平台类项目在此期间发展起来，如平台设施类的 Aragon 和 DAO Stack、DeFi 管理类的 MakerDAO 等，但在低迷的市场情绪下并未掀起太大的波澜。

第五阶段为 2019 年后至今，在此期间多个 DAO 项目、应用不断推出，DAO 也更多地出现在人们视线中。随着 Moloch 模式的出现及其 v2 版本的出现，人们重新点燃了对 DAO 的期待，也逐渐出现了如 MetaCartel、The LAO、DAO Square 等采用这一模式的项目。随着 DAO 的基础设施逐步发展、理论和实践不断积累，以及去中心化组织的治理需求不断提高，DAO 也随之进入发展期。

## 6.5　DAO 的应用案例

大多数人习惯在 Web 2 的世界参与和创造一些活动，而 DAO 属于 Web 3 领域的常见组织，创建 DAO 需要有一定的虚拟货币作为组织运行的重要来源。相较于国外 DAO 组织平台和工具的完善性，国内 DAO 组织的创建比较内化，开放程度有限。如，对比以下两家平台（见图 6-5），Aragon 提供的服务比 VoneDAO 更全面、更透明、更公开。

图 6-5　国内外创建 DAO 的常见平台

Aragon 是国内外比较知名的创建 DAO 的系统平台，通过其应用程序和服务组件，同时管理上千个 DAO。Aragon 希望扩展 DAO 的使用，开源多项技术，即允许在不同的形式下创建和管理分散的组织，包括公司、合作社、非营利组织或开源项目，最后达到从俱乐部到公司都可以轻松创建 DAO 的效果。

VoneDAO 是国内旺链科技自主研发的基于区块链技术的自组织协作平台。基于共创、共享、共治的理念，激发成员进行自我变革与提升，解放组织创始人的精力，发挥组织最大效能，实现组织价值最大化。

Colony 作为一个 DAO 操作系统，它的基本框架围绕着域（domains）和账号权限展开，内嵌了包括融资、扩展、内部代币、收入/激励、质押功能，以及荣誉系统和安全保障等多个组件。这意味着，Colony 对目前加密行业常用的以太坊多签解决方案 Gnosis Safe、投票治理平台 Snapshot 和社交管理工具 CollabLand/Guild，甚至 Web 3 内容平台 Mirror 都有可能集成合作。Colony 官方平台展示的几项优势如图 6-6 所示。

图 6-6　Colony 官方平台展示的几项优势

DAO 因为在去中心化金融中的重要性而得到国外投资机构的欢迎。同时，围绕 Web 3 兴起的大量市场炒作也在增多，我们看到 Web 3 项目，如 DeFi 和 NFT 风靡投资圈，前期加密生态引入了不少去中心化应用程序的开发项目，他们希望借此改变传统的操作和流程。DAO 因其在区块链协议和去中心化应用程序治理中的作用而开始获得发展机遇。

DAO 的多样化以及紧密联系社区中个体的价值是很多现代化组织采用 DAO 应用程序的深刻原因。狭义的观点认为，DAO 应用程序的主要目的是帮助管理者访问分散的自治组织，但多数成熟的 DAO 应用程序能做到的远不止于此。

## 6.5.1　DeFi 平台：创客道

创客道（Maker DAO）于 2017 年推出，是最著名的基于以太坊网络的去中心化交易所（DEX）之一。这个特殊的去中心化自治组织是加密货币的点对点借贷平台，所有交易均由智能合约控制。在加密市场的鼎盛时期，基于该协议开发的智能合约的总价值已超过 6 亿美元。它是稳定币 DAI 的提供者，DAI 是一种与美元软挂钩的 ERC-20 代币。DAI 稳定币可用于广泛的金融服务，包括借贷、支付等，是最早为决策自投票到生产执行专门设置独立的 DAO、发行治理通证、并较良好的发展至今的项目，其治理模式成为目前不少 DeFi 项目借鉴参考的对象。除这些功能外，Maker DAO 的多抵押 DAI（MCD）系统还为 DeFi 项目创造了更多的机会，支持新兴金融工具并为该加密领域的其他协议提供新的基础设施层。

从治理框架上看，创客道尽管也是基于治理通证的法定人数投票，但其特色在于结合了链外协调；链上采用多种投票模式（二元、复数、即时决胜）；同时采用二次投票机制。其治理范围主要针对 Maker 协议的经济规则和协议参数，并通过参数的改变调整 DAI 的风险（稳定性的变化、决定供应量机制等），如图 6-7 所示。

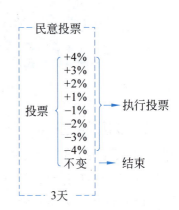

图 6-7　Maker DAO 链上投票（利率调整提案）流程图（来源：标准共识）

## 6.5.2　DAO 运行系统：Aragon

Aragon 是部署在以太坊上，为任意组织，无门槛，一键式创建 DAO 的平台（目前已支持 DAC 创建功能）；其提供了一套模块化的治理框架，目前供超过 1700 个项目沿用。它给出的标准治理框架下有两个核心功能：基于 ERC20 通证的法定人数投票模块和争议解决模块

Aragon Court。

一个标准的决策流程是：拥有组织指定治理通证的成员可进行提案并发起投票，这会调起智能合约检查投票地址通证数量以确认投票；投票结果根据设置的投票参数确认，而成员在投票时将调起合约进行签名，需支付网络 Gas 费用；完成投票后，根据时间参数设置，决策在缓冲期后生产执行。根据 2020 年的 DeepDAO 数据，加密经济数据公司 Messari 对几大 DAO 组织平台进行了资本排名，其中 Aragon DAO 在前 15 名中占据了 11 个席位（见图 6-8）。

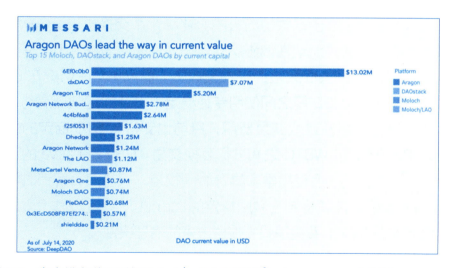

图 6-8 资本排名前 15 的 Moloch[1]，DAO 堆栈[2]，Aragon DAO（来源：Messari.io）

---

1 Moloch DAO 于 2019 年 2 月被引入以太坊生态系统，随后还有许多其他 DAO。Moloch 是一个简单的开源 DAO 框架，具有 3 个明显的价值优势。Moloch 提供了可扩展性、安全性和可用性的好处。用户可以使用 Moloch 编写更少的代码，从而减少错误并提高安全性。Moloch 中易于理解和使用的技术可确保更好的可用性，而无须考虑复杂的技术。Moloch DAO 框架还具有扩展功能以满足新社区需求的能力。Moloch DAO 的流行取决于其作为最小可行 DAO 的设计以及 ragequit 的引入。在 ragequit 功能的帮助下，成员可以通过交换他们的股份离开 DAO，以换取对组织资产的索取权。

2 DAO 堆栈是一个开源项目，用于推进去中心化治理的技术和采用。

Aragon 提供了一种以投票决策为核心、较简约的治理框架。Aragon v2 对 DAO 决策在流程的提效降费、争议解决方面做了升级，但仍没改变其基础治理结构，目前正分阶段上线。其治理架构调整为：协议层、治理层以及多用户界面。其优势在于两点：一是相对标准化，便于组织构建者及治理参与者理解，实现最小可用；二是基于法定人数的决策投票在现实生活的民主投票中经过检验。

### 6.5.3 创客道协议型 DAO：Curve

Curve 是一个基于以太坊的去中心化稳定币交换协议。Curve 是以太坊上的一个交易流动性池协议，旨在提供高效的稳定币交易，并为流动性提供者提供低风险的交易费收入。Curve 允许用户在 DAI、USDC、USDT、sUSD 等之间使用专为稳定币设计的定制低滑动、低费用算法进行交易并赚取交易费用，目前也支持与 BTC 锚定的代币 sBTC、RenBTC 和 WBTC 之间进行互换交易。CRV 是 Curve 的治理代币，有 4 种用途：治理投票（具有时间权重，权重随着解锁时间临近而下降）；价值捕获机制（激励特定的代币池）；锁定激励（激励长期的流动性提供者）；费用销毁（根据未来的治理决定）。

由于其在可组合性和稳定性方面的声誉，Curve Finance 是较受欢迎的 DeFi 平台之一，也是领先的去中心化交易所。与其他 DeFi 协议类似，Curve 建立在以太坊网络上，允许用户兑换稳定币和其他 ERC20 代币。加密货币用户还可通过让其他交易者以更优惠的价格交换他们的代币来赚取额外费用。

Curve 成为较受欢迎的 DeFi 项目之一的原因是该平台专注于支持具有类似定价资产的流动资金池。该平台鼓励整合外部 DeFi 协议，以推动更健康的生态系统，并为 Curve 用户提供更多的奖励。每次网络用户在 Curve 网络上进行交易时，流动性提供者都会因他们的参与而获得一部分交易费。

### 6.5.4 社交型 DAO：FWB

FWB（Friends With Benefits）是一种新型的 DAO，是一个使用加密货币代币进行访问和奖励的社交社区。FWB 由创作者、艺术家、思想家和建设者组成，他们形成一个组织，通过采用新工具进行协作和创造变革，并以各种方式推动 Web 3 的发展。FWB DAO 的协作平台是 Discord，一个可以自由建立规则和权限的线上沟通软件，拥有 100 个频道讨论话题的服务器。这使得 Discord 每天都能产生大量的讨论和交流。它包括许多渠道，从游戏、技术学习、音乐、电影制作、食品到市场信息等渠道。FWB 的组织架构如图 6-9 所示。

新成员需参与 FWB 的 Discord 社区，主持和参加数字和 IRL[1] 活动，为 FWB 的每周信息共享做出贡献，并通过积极参与治理建设 FWB DAO。FWB 在 Discord 上的话题讨论如图 6-10 所示。

外部用户通过 ETH 购买 FWB 代币来加入 FWB。社区大约有 100 万个 FWB 代币，其中三分之一保存在社区基金库中。FWD 每隔几个月将这些代币分发给社区成员，具体取决于他们提供的流动性或他们是否为 FWB 委员会的成员。每个代币相当于一票，但只有拥有至少 75 个代币的人才能在选举中提出具有约束力的决议。这种结构是鼓励成员在 DAO 中发挥积极作用的激励，而不需要管理员或高管。由于每个代币都代表 DAO 的财务权益，因此所有 FWB 成员都有动力通过为 DAO 增加其持有的价值来增加其代币持有量。

---

[1] IRL 是一家成立于 2017 年的线上日程规划 App，主要用户年龄范围在 13~25 岁，公司总部位于美国硅谷，截至 2020 年 4 月共计完成 2 轮 1100 万美元融资。

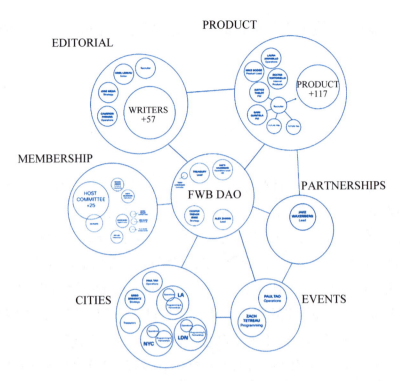

图 6-9　FWB 的组织架构

图 6-10　FWB 在 Discord 上的话题讨论